KB158634

전표처리
(분개만 하는)
회계연습

PASS

차동준 저

경영과회계

머리말 | PREFACE

회계는 경제활동을 하는 경제주체(가계, 기업, 정부)가 경제활동의 결과를 그 이해관계자에게 전달하는 수단이다. 이러한 의미에서 회계도 언어다. 언어는 어휘와 문법이 있고 이를 익혀 문장을 만들고, 여러 개의 문장을 결합시켜 글을 만들어 의사전달을 한다. 회계도 마찬가지다. 계정과목(어휘)과 원리원칙(문법)을 익혀 분개(문장)를 하여야만 최종적으로 재무제표(글)를 만들어 회계정보의 이해관계자에게 의사전달을 할 수 있다. 따라서 분개는 회계에서 의사표현의 최소 단위로서 그 의미가 매우 크다. 그리고 지금과 같이 회계의 많은 부분이 전산화되어 회계처리가 되는 상황에서도 분개 입력만큼은 회계담당자의 회계지식에 의존하고 있다는 점에서도 그 중요성은 매우 크다. 실제로 실무에서 유용하게 활용되고 있는 "전산회계 자격증" 취득의 가부를 결정하는 것이 분개라 말할 정도다.

본서는 이러한 분개의 중요성에 착안하여 기초적이고 기본적인 수준의 분개를 다른 언어를 익히는 것처럼 반복적으로 기억하고 응용할 수 있도록 다음과 같이 구성하였다.

이 책의 특징

1. 가장 먼저 분개요령과 꼭 기억해야 할 계정과목과 그 내용을 제시하였다.
2. 다음으로 거래요소의 결합에 의한 기본적인 분개들을 이해하고 직접 풀어 볼 수 있도록 하였다.
3. 마지막 단원에서는 계정과목별로 분개를 이해하고 풀어 볼 수 있도록 하였고, 실제 검정시험에 출제되었던 문제들을 통해 종합적인 분개 실력을 체크해 볼 수 있도록 하였다.

끝으로 본 저자의 여러 가지 부족함과, 어려운 출판 여건에도 불구하고 이 책의 출간을 위해 힘써주신 「경영과회계」의 대표님께 진심으로 고마움을 전한다.

저 자 **차동준**

차례 | CONTENTS

01 분개의 기초

02 거래요소의 결합과 분개

03 거래요소별 분개

04 계정과목별 분개

차 례 | CONTENTS

05 증빙과 분개

06 무작정 따라하기 해답편

차 례 | CONTENTS

01

분개의 기초

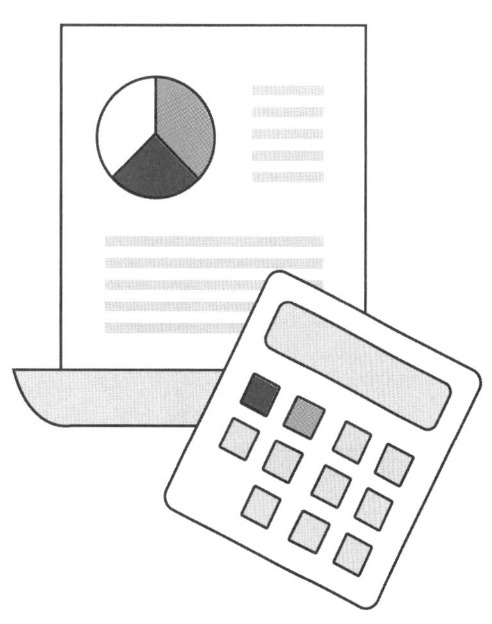

분개만 하는 회계연습

01 분개의 기초

1. 분개의 의의

경제적 사건으로 재무상태(자산 · 부채 · 자본)에 변동(증가, 감소)이 발생하는 것을 거래라 한다. 이러한 거래를 기업은 반드시 차변(왼쪽)과 대변(오른쪽)으로 나누어 요약해서 기록하고 차변금액과 대변금액을 일치시키는데 이를 분개라 한다. 일반적으로 "회계처리"라는 용어와 혼용해서 사용하지만, 엄밀한 의미에서는 차이가 있다. 회계처리는 단순히 분개만을 뜻하지 않고 회계와 관련된 모든 사항을 다루는 것으로 분개보다 포괄적인 의미를 가지고 있다.

▼ 분개(거래요약) 순서

분개순서	내용
① 회계상 거래인식	경제적 사건 중 재무상태 변동이 있는 것을 장부기록 대상으로 결정
② 차변과 대변의 거래요소 파악	거래에 대한 재무상태 변동을 분석하여 차변요소와 대변요소로 나눔
③ 차변과 대변의 계정과목 결정	차변 거래요소와 대변 거래요소에 적합한 계정과목을 각각 1개 이상 결정
④ 계정과목별 금액 결정	계정과목별 금액 계산 및 결정
⑤ 차 · 대변 합계 확인 및 기록	차변 합계금액과 대변 합계금액의 일치여부 확인 후 일치시 장부에 기록

2. 분개의 목적

분개의 목적은 거래 발생 시마다 총계정원장의 각 계정과목별 계정계좌에 기록하기 위한 것이다. 총계정원장의 각 계정과목별 계정계좌는 결산을 통해 수정(결산정리) 분개까지 반영하여 계정과목별 계정계좌의 잔액을 집계하여 재무상태표와 손익계산서 등 재무제표(재무보고서)를 작성하게 된다.

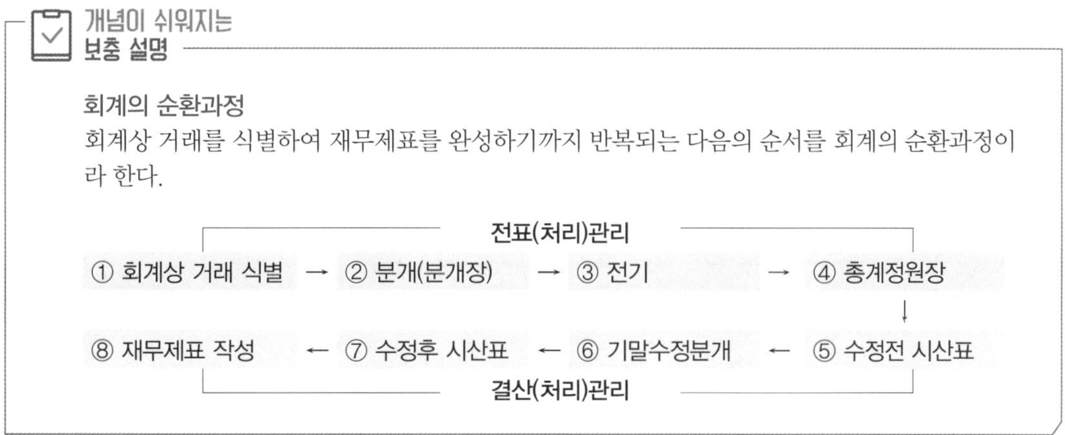

개념이 쉬워지는
보충 설명
회계의 순환과정
회계상 거래를 식별하여 재무제표를 완성하기까지 반복되는 다음의 순서를 회계의 순환과정이라 한다.
전표(처리)관리
① 회계상 거래 식별 → ② 분개(분개장) → ③ 전기 → ④ 총계정원장
⑧ 재무제표 작성 ← ⑦ 수정후 시산표 ← ⑥ 기말수정분개 ← ⑤ 수정전 시산표
결산(처리)관리

개념이 쉬워지는
보충 설명

전기, 총계정원장, 시산표, 재무제표, 결산

① 전기	분개장의 내용을 총계정원장에 옮겨 적는 것을 전기(傳記)라 한다.
② 총계정원장	총계정원장은 분개의 결과를 계정과목별로 집계한 장부를 말하는데 이를 '원장'이라고도 한다. 분개장 —전기→ 총계정원장
③ 시산표	분개장에 기록된 모든 거래의 분개가 총계정원장에 올바르게 전기되었는가를 대차평균의 원리에 의해 검사하는 계정집계표를 시산표라 한다.
④ 재무제표	회계 순환과정의 결과물로 회계정보이용자를 위한 재무제표(재무보고서)가 작성된다.
⑤ 결산	수정전시산표를 작성하고 기말수정분개를 한 후 수정후시산표를 작성하여 재무제표(재무보고서)를 완성하는 절차를 결산이라 한다.

수정후잔액시산표

한국상회 2020년12월31일 현재 (단위 : 원)

현금	750	외상매입금	2,290
단기매매증권	1,300	대손충당금	25
외상매출금	2,500	기계장치감가상각누계액	190
이월상품	800	선수임대료	40
기계장치	1,000	자본금	2,500
소모품	30	매출	3,100
선급보험료	30	임대료	80
미수이자	10	이자수익	90
매입	1,450	단기매매증권평가이익	100
급여	280	잡이익	50
보험료	90		
잡비	50		
대손상각비	15		
감가상각비	90		
소모품비	70		
	8,465		8,465

재무상태표

현금	750	외상매입금	2,290
단기매매증권	1,300	대손충당금	25
외상매출금	2,500	기계장치감가상각누계액	190
이월상품	800	선수임대료	40
기계장치	1,000	자본금	2,500
선급보험료	30	당기순이익	1,375
소모품	30		
미수이자	10		
	6,420		6,420

손익계산서

차변	금액	대변	금액
매입	1,450	매출	3,100
급여	280	임대료	80
보험료	90	이자수익	90
잡비	50	단기매매증권평가이익	100
대손상각비	15	잡이익	50
감가상각비	90		
소모품비	70		
당기순이익	1,375		
	3,420		3,420

3. 계정과목

회계상 거래가 발생하면 크게는 재무제표의 구성요소의 큰 분류인 자산, 부채, 자본, 비용, 수익의 변동이 발생한다. 그러나 회계정보를 이용하는 입장에서는 보다 상세한 정보가 요구된다. 즉, 자산의 변동은 구체적으로 무엇인지, 비용 중 어떤 비용이 발생했는지와 같은 것들이 그것이다. 이를 위해 재무제표 구성요소를 보다 상세하게 구분할 필요가 있다. 이렇게 상세하게 구분된 재무제표의 구성요소가 거래시 분개와 재무제표에 표시되는데 이때 사용하는 명칭이 “계정과목”이다. 따라서 계정과목의 이해(암기) 없이 분개를 할 수는 없다.

4. 계정의 분류

계정은 크게 재무상태표계정(자산, 부채, 자본계정)과 손익계산서(비용계정, 수익계정)계정으로 분류한다. 다시 재무상태표계정은 자산계정, 부채계정, 자본계정으로, 손익계산서계정은 비용계정, 수익계정으로 분류된다.

(1) 재무상태표계정

1) 자 산

자산이란 과거사건의 결과로 기업이 통제하고 있고 미래의 경제적 효익이 기업에 유입될 것으로 기대되는 자원이다.

분류		계정과목	내용
유동자산	당좌자산	현금및현금성자산	• 현금 : 통화, 통화대용증권 • 현금성자산 : 취득당시 3개월 내 현금화 가능물
		단기금융상품	만기 3개월 초과 1년 이내 도래하는 금융상품
		매출채권	일반적 상거래에서 발생한 외상매출금과 받을어음

분류		계정과목		내용
유동자산	당좌자산	선급비용		현금으로 지급한 비용 중 차기 이후에 속하는 비용
		기타	미수수익	당기에 속하는 수익 중 미수액
			미수금	일반적 상거래 이외에서 발생한 미수채권
			선급금	일반적 상거래에서 미리 지급한 금전
	재고자산	상품		판매를 목적으로 외부에서 구입한 재화
		제품		판매를 목적으로 기업내에서 제조한 재화
		반제품		모든 생산공정(과정)을 거치지는 않았지만, 그대로 저장과 판매가 가능한 중간 제품
		재공품		생산공정(과정)에 있는 재화
		원재료		생산공정(과정)에 사용될 재화
		저장품		소모성 자산(소모품, 소모공구기구비품, 수선용부분품)으로 미사용 재화
비유동자산	투자자산	투자부동산		투자 목적으로 소유하고 있는 건물, 토지 등
		만기보유증권		만기까지 보유할 채권
		매도가능증권		단기매매증권 · 만기보유증권 · 지분법적용투자주식에 해당하지 않는 주식과 채권
		지분법적용투자주식(관계기업투자)		피투자회사의 지분율을 20% 이상 보유한 주식
		장기대여금		1년 초과의 회수조건으로 대여한 금전
		장기금융상품		만기일이 1년 이후에 도래하는 금융상품
	유형자산	토지		영업(생산)활동에 사용하는 토지
		설비자산	건물	영업(생산)활동에 사용하는 건축물
			기계장치	영업(생산)활동에 사용하는 기계와 부속설비
		단기매매증권		단기 보유목적의 시장성 있는 주식, 채권 등
		단기대여금		1년 이내에 회수 조건으로 대여한 금전
		비품		영업(생산)활동에 사용하는 책상, 의자, 복사기 등
		차량운반구		영업(생산)활동에 사용하는 차량과 운반구
		건설중인자산		영업(생산)활동에 사용할 유형자산을 회사가 직접 건설(제작)하면서 지출한 금액으로서 미완성상태에 있는 것
	무형자산	영업권		합병 등을 통하여 유상으로 취득한 무형의 권리
		산업재산권		특허권 · 실용신안권 · 상표권 등의 법률적 권리
		개발비		특정의 신제품 또는 신기술 개발을 위한 비용
		기타무형자산		라이선스, 프랜차이즈, 저작권, 컴퓨터소프트웨어, 임차권리금, 광업권, 어업권 등

분류		계정과목	내용
비유동 자산	기타 비유동 자산	이 연 법 인 세 자 산	차기이후에 납부할 법인세를 미리 납부함으로서 차기이후에 법인세를 적게 납부해도 될 금액
		기 타	임차보증금, 장기선급비용, 장기선급금, 장기매출채권, 장기미수금 등

2) 부 채

부채란 과거사건에 의하여 발생하였으며, 경제적 효익이 내재된 자원이 기업으로부터 유출됨으로써 이행될 것으로 기대되는 현재의무이다. 부채는 기업의 청산시 채권자청구권이기도 하다.

분 류	계정과목		내 용
유동 부채	단 기 차 입 금		1년 이내에 상환될 차입금
	매 입 채 무		일반적 상거래에서 발생한 외상매입금과 지급어음
	미 지 급 법 인 세		당기에 납부해야 할 법인세로서 미지급분
	미 지 급 비 용		발생하였으나 지급하지 않은 비용
	기 타	선 수 수 익	현금으로 받은 수익 중 차기 이후에 속하는 수익
		선 수 금	일반적 상거래에서 미리 받은 금전
		미 지 급 금	일반적 상거래 이외에서 발생한 미지급 채무
		예 수 금	일반적 상거래 이외에서 잠시 맡아둔 금전
비유동 부채	사 채		1년 이후에 상환기일이 도래하는 회사채 금액
	신 주 인 수 권 부 사 채		사채권자에게 신주인수권을 부여한 사채
	전 환 사 채		사채권자가 주식전환을 요구할 수 있는 사채
	장 기 차 입 금		1년 이후에 상환되는 차입금
	퇴 직 급 여 충 당 부 채		임직원 퇴직시 지급할 퇴직금 예상금액
	장 기 제 품 보 증 충 당 부 채		장래 무상보증수리를 행하는 과정에서 예상되는 지출금액
	이 연 법 인 세 부 채		당기에 법인세납부를 유보시켜 차기이후에 법인세를 납부해야 하는 금액
	기 타		장기매입채무 등

* 전환사채와 신주인수권부 사채의 차이점
신주인수권부사채는 신주인수권 행사시 별도의 주식금액의 납입이 이루어져 만기까지 사채가 존속하지만 전환사채는 사채가 소멸하여 주식으로 전환된다.

3) 자 본

기업이 소유하고 있는 자산총액에서 장래에 지급해야 할 부채총액을 차감한 잔액(순자산)을 자본이라 한다. 자본은 기업의 청산시 소유주(주주) 청구권이다.

분 류		계정과목	내 용
납입자본	자본금	보통주자본금	회사가 발행한 보통주식의 총액면가
		우선주자본금	회사가 발행한 우선주식의 총액면가
	자본잉여금	주식발행초과금	회사가 발행한 주식의 액면가를 초과하여 들어온 금액
		감자차익	자본을 감소시킬 때 발생하는 이익
		자기주식처분이익	회사가 발행한 주식을 일시 취득 후 처분시 발생하는 이익
	자본조정(자본 유지 조정)	자기주식	회사가 발행한 주식을 일시 취득한 경우 그 취득가액
		주식할인발행차금	주식발행시 액면가에 미달하는 금액
		주식매수선택권	임직원들이 회사주식을 사전에 약정된 가격(행사가격)으로 일정기간 내 일정수량을 매입할 수 있는 권리
		출자전환채무	채권자와 부채의 출자전환을 합의하였으나 즉시 이행되지 않는 경우, 전환으로 발행될 주식의 공정가액
		감자차손	자본을 감소시킬 때 발생하는 손실
		자기주식처분손실	자기주식을 처분할 때 발생하는 손실
		배당건설이자	개업전 주주에게 배당하는 금액
		미교부주식배당금	주식배당 결정시 자본금으로 대체되기 전의 처리항목
		신주청약증거금	공모설립시 주식배정전 발기인 및 응모자가 납입한 금액
기타자본요소	기타포괄손익누계액	매도가능증권평가손익	매도가능증권의 결산시 평가손익
		해외사업환산손익	독립적으로 운영되는 해외지점 등에 대한 외화재무제표 환산손익
		현금흐름위험회피 파생상품평가손익	미래현금흐름 변동위험을 감소시키기 위하여 지정된 파생상품 평가손익
		재평가잉여금	유형자산 등을 공정가치로 평가하였을 때 발생하는 이익
이익잉여금		법정적립금 - 이익준비금	상법에 의해 매기 금전(현금)배당액의 10% 이상을 적립한 금액
		법정적립금 - 기타법정적립금	상법 이외의 법에 의한 적립금
		임의적립금	회사 임의의 목적에 의해 적립된 금액
		미처분이익잉여금	전기이월이익잉여금 ± 회계변경의 누적효과 ± 중대한 전기오류수정손익 ± 당기순손익 – 중간배당

개념이 쉬워지는
보충 설명

자산과 부채의 차감적 평가계정

자산과 부채의 실제 가치를 표시하기 위하여 재무상태표의 해당 계정(과목) 아래에 차감하는 형식으로 표시하는 계정(과목)을 말한다.

예 유형자산의 차감적 평가계정 : 감가상각누계액
매출채권의 차감적 평가계정 : 대손충당금
사채의 차감적 평가계정 : 사채할인발행차금

유동성장기자산과 유동성장기부채

비유동자산과 비유동부채 중 1년 이내에 만기일이 도래하는 부분은 각각 유동자산(유동성장기자산)과 유동부채(유동성장기부채)로 재분류하여야 한다.

(2) 손익계산서계정

1) 수 익

상품매출이익, 임대료, 이자수익 등과 같이 자본의 출자 및 증자 등 자본거래에 의하지 않고, 손익거래(생산, 판매, 용역의 제공)에 의하여 자본의 증가를 가져오는 것을 수익이라 한다.

분류		계정과목	내용
수익	영업수익	상품매출이익	상품을 원가 이상으로 매출하였을 때, 발생하는 이익금액
		(매출)	상품을 분할상품계정(3분법 이상)에 의해 처리할 경우, 상품의 판매금액
	영업외수익(기타수익)	이자수익	금융상품(예금), 대여금, 채권에서 발생하여 받는 이자
		배당금수익	주식 등의 투자로 인한 이익분배를 현금으로 받는 경우, 그 금액
		임대료	부동산 등을 빌려주고 그 대가로 받는 금액
		단기매매증권처분이익	단기매매증권을 장부가 이상으로 처분하였을 때, 발생하는 이익금액
		단기매매증권평가이익	결산일에 단기매매증권의 공정가가 장부가보다 클 경우, 그 차이에 해당하는 금액
		외환차익	외화표시 채권 · 채무의 발생시점(또는 기평가시점)과 회수 또는 상환시점의 환율이 달라 발생하는 이익금액
		외화환산이익	화폐성 외화자산 및 부채의 장부상 기평가액과 변동된 현행환율에 의한 재평가액과 차이가 이익인 경우, 그 금액
		지분법이익	지분법적용투자주식과 관련된 피투자회사의 당기순이익 중 소유지분에 해당하는 부분의 금액
		만기보유증권손상차손환입	만기보유증권손상차손(감액손실) 회복이 채무자의 신용등급 회복 등으로 객관적으로 인정되는 경우 그 회복된 금액
		투자자산처분이익	투자자산을 장부가 이상으로 처분하였을 때, 발생하는 이익금액
		유형자산처분이익	유형자산을 장부가 이상으로 처분하였을 때, 발생하는 이익금액
		사채상환이익	사채의 조기상환시 사채의 상환가보다 장부가가 많은 경우, 그 금액
		전기오류수정이익	당기 이전에 발생한 수익 또는 비용이 잘못 기록된 것으로 판명되어 이를 당기에 수정하면서 발생한 이익금액(단, 중대한 오류가 아닐 것)
		수수료수익	용역(서비스)의 제공으로 받는 수수료 금액
		잡이익	영업활동 이외에서 발생하는 이익으로 그 금액이 적은 경우, 그 금액
		자산수증이익	자본보전 등을 위하여 주주 등이 무상으로 불입한 금액
		채무면제이익	자본보전 등을 위하여 주주 등에 의해 채무를 면제받은 금액
		보험차익	보험피해 금액보다 보상받은 금액이 큰 경우, 그 큰 금액

2) 비 용

급여, 임차료, 보험료, 전력비, 세금과공과 등과 같이 자본의 인출 등 자본거래에 의하지 않고 손익거래에 의하여 자본의 감소를 가져오는 것을 비용이라 한다.

분 류		계정과목		내 용
비용	상품매출손실			상품을 원가 이하로 매출하였을 때, 발생하는 손실금액
	매출원가(매입)			상품을 분할상품계정(3분법 이상)에 의해 처리할 경우, 상품의 매출액에 대응하는 원가금액
	판매비와 관리비 (관리비)	물류원가	운반비	상품 매출시 발송비 등으로 지급하는 금액
			보관료	상품 등의 보관을 위하여 지급되는 금액
		급여		임 · 직원에게 근로의 대가로 지급하는 금액(봉급, 상여금, 수당)
		퇴직급여		1년 이상 근무한 임 · 직원이 퇴직할 때 지급하는 금액
		명예퇴직금		조기퇴직의 대가로 지급하는 인센티브
		복리후생비		급여 이외의 임 · 직원의 후생을 위해 지급하는 금액(식당운영비, 체육비, 경조사비 등)
		임차료		부동산 등을 빌려 쓰고 그 대가로 지급하는 금액
		접대비		사업상 지출되는 교제비 금액
		감가상각비		유형자산의 가치 감소를 인위적으로 측정한 금액
		무형자산상각비		무형자산의 가치 감소를 인위적으로 측정한 금액
		세금과공과		국가, 지방자치단체의 세금과 사업상 관련 단체의 회비로 지급하는 금액
		광고선전비		상품 판매를 촉진하기 위해 TV, 신문매체 등에게 지급하는 금액
		연구비		연구단계에서 지출한 금액
		경상개발비		개발단계에서 지출한 금액 중 무형자산(개발비) 조건을 충족하지 못한 금액
		대손상각비		매출채권에 대한 대손추산액 또는 회수불능 매출채권에 대한 대손충당금 부족액
		여비교통비		버스요금, 택시요금, 시내출장비 등으로 지급하는 금액
		통신비		전화, 우편 등의 이용으로 지급하는 금액
		수도광열비		수도, 전기, 가스 등의 사용으로 지급하는 금액
		보험료		각종 보험료로 지급하는 금액
		수선비		건물, 차량운반구, 기계장치 등의 수리비로 지급하는 금액
		차량유지비		영업용 차량의 유류대금 등을 지급한 금액

분 류		계정과목	내 용
비용	판매비와 관리비 (관리비)	수수료비용	용역을 제공받고 지급한 수수료 금액
		소모품비	사무용장부, 볼펜, 복사지 등 문구용품을 구입하고 지급한 금액
		잡비	신문료, 잡지료, 회의비 등, 소액으로 지급하는 금액(신문료, 잡지료는 그 금액이 크면 도서인쇄비로 별도 처리가능)
	영업외 비용 (기타 비용)	이자비용 (금융원가)	타인 자본을 이용한 대가로 지급하는 금액
		기타의 대손상각비	매출채권 이외의 채권인 대여금, 미수금, 미수수익, 선급금 등에 대한 대손추산액 또는 회수불능액 중 대손충당금 부족액
		단기매매증권 처분손실	단기매매증권을 장부가 이하로 처분하였을 때, 발생하는 손실금액
	영업외 비용 (기타 비용)	단기매매증권 평가손실	결산일에 단기매매증권의 공정가가 장부가보다 적을 경우, 그 차이에 해당하는 금액
		재고자산 감모손실	재고자산의 장부수량보다 실제수량이 적은 경우, 그 차이에 해당하는 금액(비정상적 발생분에 한함)
		외환차손	외화표시 채권 · 채무의 발생시점(또는 기평가시점)과 회수 또는 상환시점의 환율이 달라 발생하는 손실금액
		외화환산손실	화폐성 외화자산 및 부채의 장부상 기평가액과 변동된 현행환율에 의한 재평가액과 차이가 손실인 경우, 그 금액
		기부금	아무런 대가 없이 기증하는 금전 및 물품의 금액
		지분법손실	피투자회사의 당기순손실 중 소유지분에 해당하는 부분의 금액
		만기보유증권 손상차손	만기보유증권의 공정가치가 하락하여 회복가능성이 없는 경우 공정가치와 장부가액의 차이에 해당하는 금액
		투자자산 처분손실	투자자산을 장부가 이하로 처분하였을 때, 발생하는 손실금액
		유형자산 처분손실	유형자산을 장부가 이하로 처분하였을 때, 발생하는 손실금액
		사채상환손실	사채의 조기상환시 사채의 상환가보다 장부가가 적은 경우, 그 금액
		전기오류수정손실	당기 이전에 발생한 수익 또는 비용이 잘못 기록된 것으로 판명되어 이를 당기에 수정하면서 발생한 손실금액(단, 중대한 오류가 아닐 것)
		잡손실	영업활동과 관계없이 발생하는 소액의 손실금액
		재해손실	천재지변이나 도난 등으로 입은 손실금액
	법인세비용		기업이 벌어들인 소득에 부과하는 세금

02

거래요소의 결합과 분개

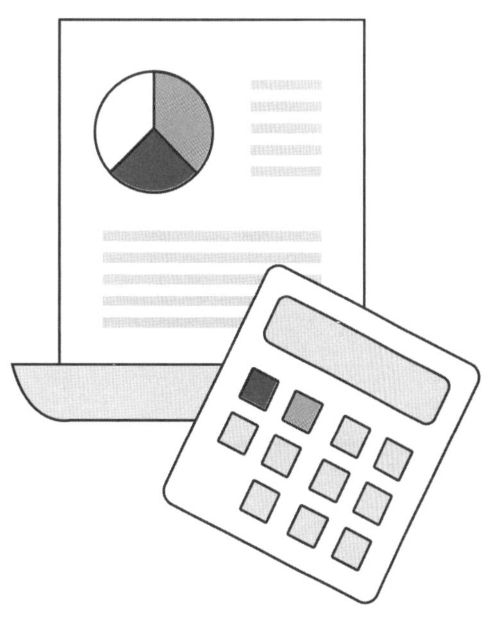

02 거래요소의 결합과 분개

1. 회계상의 거래와 일상생활의 거래

기업의 경영활동에 의하여 자산, 부채, 자본의 증감변화를 일으키는 모든 현상(경제적 사건)을 회계에서는 거래라 한다. 따라서 회계상의 거래와 일상생활에서 사용되는 거래는 많은 것이 일치하지만 일치하지 않는 경우도 있다.

▼ 회계상의 거래와 일상생활의 거래 비교

<table>
<tr><th colspan="2">회계상의 거래</th><th></th></tr>
<tr><td>화재, 분실, 도난, 파손, 감가, 대손, 각종 원인에 의한 자산가격의 감소 등</td><td>상품을 비롯한 자산의 구입과 판매, 채권 · 채무의 발생과 소멸, 금전의 수입과 지출, 비용의 지급, 수익의 수입 등</td><td>주문, 의뢰, 보관, 약속, 계약, 위탁, 담보제공 등으로서 재무상태에 변동을 주지 않는 구두 또는 서면으로 이루어지는 경제적 사건</td></tr>
<tr><td></td><th colspan="2">일상생활의 거래</th></tr>
</table>

▼ 거래요소의 결합관계

회계상의 거래는 자산의 증가와 감소, 부채의 증가와 감소, 자본의 증가와 감소, 수익의 발생과 비용의 발생이라는 8개의 요소로 구성되는데 이것을 거래의 8요소라 한다.
이와 같은 거래의 8요소는 차변요소(자산의 증가, 부채의 감소, 자본의 감소, 비용의 발생)와 대변요소(자산의 감소, 부채의 증가, 자본의 증가, 수익의 발생)로 나누어지고, 분개는 1개 이상의 차변요소와 1개 이상의 대변요소의 결합으로 이루어진다.

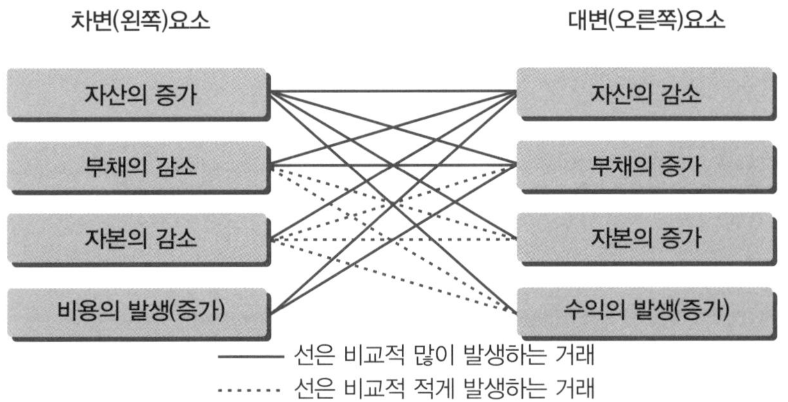

03

거래요소별 분개

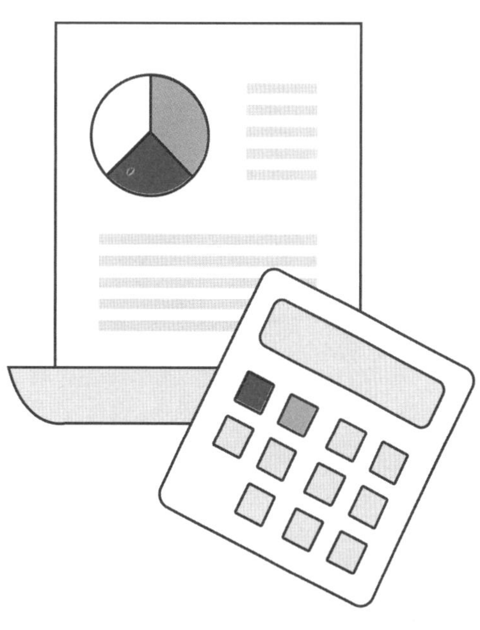

03 거래요소별 분개

1. (차)자산증가 – (대)자산감소 · 부채증가 · 자본증가 · 수익발생

(1) (차)자산증가 – (대)자산감소

1) 자산취득

① 상품 8,800원을 구입하고 대금은 현금으로 지급하다.

- 분　　개 : (차변) 상 품　　8,800원　　(대변) 현 금　　8,800원
- 거래요소 :　　자산증가　　　　자산감소
- 핵　　심 : 회사 입장에서 현금은 나가고 상품은 들어왔다.

② 업무용 책상을 7,500원에 구입하고, 대금은 현금으로 지급하다.

- 분　　개 : (차변) 비 품　　7,500원　　(대변) 현 금　　7,500원
- 거래요소 :　　자산증가　　　　자산감소
- 핵　　심 : 업무용 책상의 표준계정과목은 "비품"이다.

③ 업무용 승용차를 6,700원에 구입하고 대금은 현금으로 지급하다.

- 분　　개 : (차변) 차량운반구　　6,700원　　(대변) 현 금　　6,700원
- 거래요소 :　　자산증가　　　　자산감소
- 핵　　심 : 업무용(영업용) 승용차의 표준계정과목은 "차량운반구"다.

④ 업무용 건축물을 7,300원에 구입하고 대금은 현금으로 지급하다.

- 분　　개 : (차변) 건 물　　7,300원　　(대변) 현 금　　7,300원
- 거래요소 :　　자산증가　　　　자산감소
- 핵　　심 : 업무용 건축물의 표준계정과목은 "건물"이다.

⑤ 제품 제조에 사용하기 위하여 기계를 5,300원에 구입하고 대금은 현금으로 지급하다.

- 분　　개 : (차변) 기계장치　　5,300원　　(대변) 현 금　　5,300원
- 거래요소 :　　자산증가　　　　자산감소
- 핵　　심 : 기계의 표준계정과목은 "기계장치"이다.

2) 자산투자

① 현금 3,700원을 만기가 6개월인 정기예금에 예탁(예금)하다.

- 분　　개 : (차변) 단기금융상품　　3,700원　　(대변) 현 금　　3,700원
- 거래요소 :　　자산증가　　　　자산감소

• 핵　　심 : 금융기관이 취급하는 금융상품 중 만기 1년 이내에 것의 표준계정과목은 "단기금융상품"이다.

② 단기투자 목적으로 시장성 있는 주식 7,000원을 현금을 지급하고 취득(매입)하다.

• 분　　개 : (차변) 단기매매증권 7,000원 (대변) 현 금 7,000원
• 거래요소 : 자산증가 자산감소
• 핵　　심 : 단기투자 목적의 시장성 있는 주식과 채권의 표준계정과목은 "단기매매증권"이다.

③ 안양상회에 현금 9,000원을 6개월간 대여하고 차용증서를 받다.

• 분　　개 : (차변) 단기대여금 9,000원 (대변) 현 금 9,000원
• 거래요소 : 자산증가 자산감소
• 핵　　심 : 현금을 빌려주는 것도 투자다. 차용증서에 대해서는 분개시 무시한다.

④ 사채 1,300원을 만기까지 보유할 목적으로 현금을 주고 취득하다.

• 분　　개 : (차변) 만기보유증권 1,300원 (대변) 현 금 1,300원
• 거래요소 : 자산증가 자산감소
• 핵　　심 : 만기까지 보유할 목적으로 취득하는 채권의 표준계정과목은 "만기보유증권"이다.

⑤ 장기투자목적으로 주식 9,800원을 현금으로 취득하다.

• 분　　개 : (차변) 매도가능증권 9,800원 (대변) 현 금 9,800원
• 거래요소 : 자산증가 자산감소
• 핵　　심 : 장기투자(1년 이상) 목적의 주식과 만기까지 보유 의사가 없는 채권의 표준계정과목은 "매도가능증권"이다.

3) 채권발생

① 상품 5,200원을 매출(판매)하고 대금은 외상으로(받지 못) 하다.

• 분　　개 : (차변) 외상매출금 5,200원 (대변) 상 품 5,200원
• 거래요소 : 자산증가 자산감소
• 핵　　심 : 재고자산을 판매(매출, 인도)하고 대금을 받지 못할 경우 사용하는 표준계정과목은 "외상매출금"이고 외상매출금과 받을어음을 묶어서 "매출채권"이라는 계정과목으로 재무상태표에 표시한다.

② 상품 3,600원을 매출(판매)하고 대금은 거래처 발행 어음으로 받다.

• 분　　개 : (차변) 받을어음 3,600원 (대변) 상 품 3,600원
• 거래요소 : 자산증가 자산감소
• 핵　　심 : 재고자산을 판매(매출, 인도)하고 대금을 거래 상대방(거래처)이 발행한 어음을 받았을 경우 사용하는 표준계정과목은 "받을어음"이고, 자신이 발행했던 어음을 받으면 차변에 "지급어음(부채)"이나 "(어음)미지급금" 계정과목이 사용된다.

③ 오래된 업무용 컴퓨터 1,500원을 매각하(팔)고 대금은 외상으로 (받지 못)하다.

- 분　　개 : (차변) 미수금　　1,500원　　(대변) 비 품　　1,500원
- 거래요소 :　　자산증가　　자산감소
- 핵　　심 : 재고자산 이외의 것을 매각하(팔)고 대금을 받지 못할 경우 사용하는 표준계정과목은 "미수금"이고 업무용 컴퓨터의 표준계정과목은 "비품"이다.

④ 오래된 업무용 승용차 3,600원을 매각하(팔)고 대금은 거래처 발행어음으로 받다.

- 분　　개 : (차변) (어음)미수금　　5,000원　　(대변) 차량운반구　　3,600원
- 거래요소 :　　자산증가　　자산감소
- 핵　　심 : 재고자산 이외의 것을 매각하(팔)고 대금을 거래 상대방(거래처)이 발행한 어음을 받았을 경우 사용하는 표준계정과목은 "(어음)미수금"이고, 자신이 발행했던 어음을 받으면 차변에 "지급어음이나 어음미지급금(부채)" 계정과목이 사용된다.

4) 기 타

① 상품 4,800원을 주문하고 계약금으로 1,000원을 현금으로 지급하다.

- 분　　개 : (차변) 선급금　　1,000원　　(대변) 현 금　　1,000원
- 거래요소 :　　자산증가　　자산감소
- 핵　　심 : 주문은 회계상의 거래가 아니므로 분개하지 않고, 지급한 계약금에 대해서만 분개하면 된다. 이때 사용하는 표준계정과목은 "선급금"이다.

② 신제품의 연구를 위한 비경상적 비용으로 3,500원을 현금으로 지급(지출)하다.

- 분　　개 : (차변) 개발비　　3,500원　　(대변) 현 금　　3,500원
- 거래요소 :　　자산증가　　자산감소
- 핵　　심 : 무형자산으로 인식하는 개발비는 연구단계가 아닌 개발단계에서 지출한 비용 중 일정요건을 충족한 경우(비경상적)로 제한하고 있다. 경상적인 개발비용은 "경상개발비"나 "연구비"로 하여 비용으로 인식한다.

③ 특허취득을 위한 비용으로 2,200원을 현금으로 지급(지출)하다.

- 분　　개 : (차변) 산업재산권(특허권)　　2,200원　　(대변) 현 금　　2,200원
- 거래요소 :　　자산증가　　자산감소
- 핵　　심 : 산업재산권은 취득을 위해 직접 사용한 금액만 취득원가로 계상한다. 따라서 관련 개발비가 있어도 이를 산업재산권에 대체시키지 않고 별도로 계상한다.

④ 현금 7,400원을 보증금으로 지급하고 사무실을 임차하(빌리)다.

- 분　　개 : (차변) 임차보증금　　7,400원　　(대변) 현 금　　7,400원
- 거래요소 :　　자산증가　　자산감소
- 핵　　심 : 사무실 임차를 위한 보증금은 기타비유동자산에 속하는 것으로서 표준계정과목으로 "임차보증금"을 사용한다.

무작정 따라하기 1-1

• 다음 거래를 분개하시오.

<자산취득>

1) 상품 7,600원을 구입하고 대금은 현금으로 지급하다.

구 분	차 변	대 변
분 개		
거래요소		

[핵심] 회사 입장에서 현금은 나가고 상품은 들어왔다.

2) 업무용 책상을 6,400원에 구입하고, 대금은 현금으로 지급하다.

구 분	차 변	대 변
분 개		
거래요소		

[핵심] 업무용 책상의 표준계정과목은 "비품"이다.

3) 업무용 승용차를 5,500원에 구입하고 대금은 현금으로 지급하다.

구 분	차 변	대 변
분 개		
거래요소		

[핵심] 업무용(영업용) 승용차의 표준계정과목은 "차량운반구"다.

4) 업무용 건축물을 6,100원에 구입하고 대금은 현금으로 지급하다.

구 분	차 변	대 변
분 개		
거래요소		

[핵심] 업무용 건축물의 표준계정과목은 "건물"이다.

5) 제품 제조에 사용하기 위하여 기계를 4,100원에 구입하고 대금은 현금으로 지급하다.

구 분	차 변	대 변
분 개		
거래요소		

[핵심] 기계의 표준계정과목은 "기계장치"이다.

〈자산투자〉

6) 현금 2,500원을 만기가 6개월인 정기예금에 예탁(예금)하다.

구 분	차 변	대 변
분 개		
거래요소		

[핵심] 금융기관이 취급하는 금융상품 중 만기 1년 이내에 것의 표준계정과목은 "단기금융상품"이다.

7) 단기투자 목적으로 시장성 있는 주식 5,800원을 현금을 지급하고 취득(매입)하다.

구 분	차 변	대 변
분 개		
거래요소		

[핵심] 단기투자 목적의 시장성 있는 주식과 채권의 표준계정과목은 "단기매매증권"이다.

8) 안양상회에 현금 8,800원을 6개월간 대여하고 차용증서를 받다.

구 분	차 변	대 변
분 개		
거래요소		

[핵심] 현금을 빌려주는 것도 투자다. 차용증서에 대해서는 분개시 무시한다.

9) 사채 9,200원을 만기까지 보유할 목적으로 현금을 주고 취득하다.

구 분	차 변	대 변
분 개		
거래요소		

[핵심] 만기까지 보유할 목적으로 취득하는 채권의 표준계정과목은 "만기보유증권"이다.

10) 장기투자목적으로 주식 8,600원을 현금으로 취득하다.

구 분	차 변	대 변
분 개		
거래요소		

[핵심] 장기투자(1년 이상) 목적의 주식과 만기까지 보유 의사가 없는 채권의 표준계정과목은 "매도가능증권"이다.

〈채권발생〉

11) 상품 4,000원을 매출(판매)하고 대금은 외상으로 (받지 못)하다.

구 분	차 변	대 변
분 개		
거래요소		

[핵심] 재고자산을 판매(매출, 인도)하고 대금을 받지 못할 경우 사용하는 표준계정과목은 "외상매출금"이고 외상매출금과 받을어음을 묶어서 "매출채권"이라는 계정과목으로 재무상태표에 표시한다.

12) 상품 2,400원을 매출(판매)하고 대금은 거래처 발행 어음으로 받다.

구 분	차 변	대 변
분 개		
거래요소		

[핵심] 재고자산을 판매(매출, 인도)하고 대금을 거래 상대방(거래처)이 발행한 어음을 받았을 경우 사용하는 표준계정과목은 "받을어음"이고, 자신이 발행했던 어음을 받으면 차변에 "지급어음(부채)"이나 "(어음)미지급금" 계정과목이 사용된다.

13) 오래된 업무용 컴퓨터 9,300원을 매각하(팔)고 대금은 외상으로 (받지 못)하다.

구 분	차 변	대 변
분 개		
거래요소		

[핵심] 재고자산 이외의 것을 매각하(팔)고 대금을 받지 못할 경우 사용하는 표준계정과목은 "미수금"이고 업무용 컴퓨터의 표준계정과목은 "비품"이다.

14) 오래된 업무용 승용차 2,400원을 매각하(팔)고 대금은 거래처 발행어음으로 받다.

구 분	차 변	대 변
분 개		
거래요소		

[핵심] 재고자산 이외의 것을 매각하(팔)고 대금을 거래 상대방(거래처)이 발행한 어음을 받았을 경우 사용하는 표준계정과목은 "(어음)미수금"이고, 자신이 발행했던 어음을 받으면 차변에 "지급어음이나 어음미지급금(부채)" 계정과목이 사용된다.

<기 타>

15) 상품 3,600원을 주문하고 계약금으로 1,200원을 현금으로 지급하다.

구 분	차 변	대 변
분 개		
거래요소		

[핵심] 주문은 회계상의 거래가 아니므로 분개하지 않고, 지급한 계약금에 대해서만 분개하면 된다. 이때 사용하는 표준계정과목은 "선급금"이다.

16) 신제품의 연구를 위한 비경상적 비용으로 2,300원을 현금으로 지급(지출)하다.

구 분	차 변	대 변
분 개		
거래요소		

[핵심] 무형자산으로 인식하는 개발비는 연구단계가 아닌 개발단계에서 지출한 비용 중 일정요건을 충족한 경우(비경상적)로 제한하고 있다. 경상적인 개발비용은 "경상개발비"나 "연구비"로 하여 비용으로 인식한다.

17) 특허취득을 위한 비용으로 1,400원을 현금으로 지급(지출)하다.

구 분	차 변	대 변
분 개		
거래요소		

[핵심] 산업재산권은 취득을 위해 직접 사용한 금액만 취득원가로 계상한다. 따라서 관련 개발비가 있어도 이를 산업재산권에 대체시키지 않고 별도로 계상한다.

18) 현금 6,200원을 보증금으로 지급하고 사무실을 임차하(빌리)다.

구 분	차 변	대 변
분 개		
거래요소		

[핵심] 사무실 임차를 위한 보증금은 기타비유동자산에 속하는 것으로서 표준계정과목으로 "임차보증금"을 사용한다.

무작정 따라하기 1-2

• 다음 거래를 분개하시오.

1) 현금 1,200원을 만기가 6개월인 정기예금에 예탁(예금)하다.

구 분	차 변	대 변
분 개		

[핵심] 금융기관이 취급하는 금융상품 중 만기 1년 이내 것의 표준계정과목은 "단기금융상품"이다.

2) 단기투자 목적으로 시장성 있는 주식 3,500원을 현금을 지급하고 취득(매입)하다.

구 분	차 변	대 변
분 개		

[핵심] 단기투자 목적의 시장성 있는 주식과 채권의 표준계정과목은 "단기매매증권"이다.

3) 안양상회에 현금 6,500원을 6개월간 대여하고 차용증서를 받다.

구 분	차 변	대 변
분 개		

[핵심] 현금을 빌려주는 것도 투자다. 차용증서에 대해서는 분개시 무시한다.

4) 사채 7,400원을 만기까지 보유할 목적으로 현금을 주고 취득하다.

구 분	차 변	대 변
분 개		

[핵심] 만기까지 보유할 목적으로 취득하는 채권의 표준계정과목은 "만기보유증권"이다.

5) 장기투자목적으로 주식 6,300원을 현금으로 취득하다.

구 분	차 변	대 변
분 개		

[핵심] 장기투자(1년 이상) 목적의 주식과 만기까지 보유 의사가 없는 채권의 표준계정과목은 "매도가능증권"이다.

6) 상품 2,700원을 매출(판매)하고 대금은 외상으로 (받지 못)하다.

구 분	차 변	대 변
분 개		

[핵심] 재고자산을 판매(매출, 인도)하고 대금을 받지 못할 경우 사용하는 표준계정과목은 "외상매출금"이고 외상매출금과 받을어음을 묶어서 "매출채권"이라는 계정과목으로 재무상태표에 표시한다.

7) 상품 1,600원을 매출(판매)하고 대금은 거래처 발행 어음으로 받다.

구 분	차 변	대 변
분 개		

[핵심] 재고자산을 판매(매출, 인도)하고 대금을 거래 상대방(거래처)이 발행한 어음을 받았을 경우 사용하는 표준계정과목은 "받을어음"이고, 자신이 발행했던 어음을 받으면 차변에 "지급어음(부채)"이나 "(어음)미지급금" 계정과목이 사용된다.

8) 오래된 업무용 컴퓨터 7,000원을 매각하(팔)고 대금은 외상으로 (받지 못)하다.

구 분	차 변	대 변
분 개		

[핵심] 재고자산 이외의 것을 매각하(팔)고 대금을 받지 못할 경우 사용하는 표준계정과목은 "미수금"이고 업무용 컴퓨터의 표준계정과목은 "비품"이다.

9) 오래된 업무용 승용차 1,700원을 매각하(팔)고 대금은 거래처 발행어음으로 받다.

구 분	차 변	대 변
분 개		

[핵심] 재고자산 이외의 것을 매각하(팔)고 대금을 거래 상대방(거래처)이 발행한 어음을 받았을 경우 사용하는 표준계정과목은 "(어음)미수금"이고, 자신이 발행했던 어음을 받으면 차변에 "지급어음이나 어음미지급금(부채)" 계정과목이 사용된다.

10) 상품 5,300원을 구입하고 대금은 현금으로 지급하다.

구 분	차 변	대 변
분 개		

[핵심] 회사 입장에서 현금은 나가고 상품은 들어왔다.

11) 업무용 책상을 4,100원에 구입하고, 대금은 현금으로 지급하다.

구 분	차 변	대 변
분 개		

[핵심] 업무용 책상의 표준계정과목은 "비품"이다.

12) 업무용 승용차를 3,200원에 구입하고 대금은 현금으로 지급하다.

구 분	차 변	대 변
분 개		

[핵심] 업무용(영업용) 승용차의 표준계정과목은 "차량운반구"다.

13) 업무용 건축물을 4,400원에 구입하고 대금은 현금으로 지급하다.

구 분	차 변	대 변
분 개		

[핵심] 업무용 건축물의 표준계정과목은 "건물"이다.

14) 제품 제조에 사용하기 위하여 기계를 2,100원에 구입하고 대금은 현금으로 지급하다.

구 분	차 변	대 변
분 개		

[핵심] 기계의 표준계정과목은 "기계장치"이다.

15) 상품 4,800원을 주문하고 계약금으로 1,100원을 현금으로 지급하다.

구 분	차 변	대 변
분 개		

[핵심] 주문은 회계상의 거래가 아니므로 분개하지 않고, 지급한 계약금에 대해서만 분개하면 된다. 이때 사용하는 표준계정과목은 "선급금"이다.

16) 신제품의 연구를 위한 비경상적 비용으로 1,800원을 현금으로 지급(지출)하다.

구 분	차 변	대 변
분 개		

[핵심] 무형자산으로 인식하는 개발비는 연구단계가 아닌 개발단계에서 지출한 비용 중 일정요건을 충족한 경우(비경상적)로 제한하고 있다. 경상적인 개발비용은 "경상개발비"나 "연구비"로 하여 비용으로 인식한다.

17) 특허취득을 위한 비용으로 1,700원을 현금으로 지급(지출)하다.

구 분	차 변	대 변
분 개		

[핵심] 산업재산권은 취득을 위해 직접 사용한 금액만 취득원가로 계상한다. 따라서 관련 개발비가 있어도 이를 산업재산권에 대체시키지 않고 별도로 계상한다.

18) 현금 4,500원을 보증금으로 지급하고 사무실을 임차하(빌리)다.

구 분	차 변	대 변
분 개		

[핵심] 사무실 임차를 위한 보증금은 기타비유동자산에 속하는 것으로서 표준계정과목으로 "임차보증금"을 사용한다.

무작정 따라하기 1-3

• 다음 거래를 분개하시오.

1) 사채 4,300원을 만기까지 보유할 목적으로 현금을 지급하고 취득하다.

구 분	차 변	대 변
분 개		

2) 상품 5,900원을 매출(판매)하고 대금은 외상으로 (받지 못)하다.

구 분	차 변	대 변
분 개		

3) 현금 4,600원을 만기가 6개월인 정기예금에 예탁(예금)하다.

구 분	차 변	대 변
분 개		

4) 오래된 업무용 컴퓨터 5,100원을 매각하(팔)고 대금은 외상으로 (받지 못)하다.

구 분	차 변	대 변
분 개		

5) 단기투자 목적으로 시장성 있는 주식 6,800원을 현금으로 취득(매입)하다.

구 분	차 변	대 변
분 개		

6) 상품 2,600원을 구입하고 대금은 현금으로 지급하다.

구 분	차 변	대 변
분 개		

7) 안양상회에 현금 3,200원을 6개월간 대여하고 차용증서를 받다.

구 분	차 변	대 변
분 개		

8) 장기투자목적으로 주식 3,900원을 현금으로 취득하다.

구 분	차 변	대 변
분 개		

9) 업무용 승용차를 6,400원에 구입하고 대금은 현금으로 지급하다.

구 분	차 변	대 변
분 개		

10) 상품 4,100원을 매출(판매)하고 대금은 거래처 발행 어음으로 받다.

구 분	차 변	대 변
분 개		

11) 상품 6,700원을 주문하고 계약금으로 2,100원을 현금으로 지급하다.

구 분	차 변	대 변
분 개		

12) 오래된 업무용 승용차 3,900원을 매각하(팔)고 대금은 거래처 발행어음으로 받다.

구 분	차 변	대 변
분 개		

13) 업무용 책상을 1,400원에 구입하고, 대금은 현금으로 지급하다.

구 분	차 변	대 변
분 개		

14) 특허취득을 위한 비용으로 1,200원을 현금으로 지급하다.

구 분	차 변	대 변
분 개		

15) 업무용 건축물을 2,700원에 구입하고 대금은 현금으로 지급하다.

구 분	차 변	대 변
분 개		

16) 현금 3,800원을 보증금으로 지급하고 사무실을 임차하(빌리)다.

구 분	차 변	대 변
분 개		

17) 제품 제조에 사용하기 위하여 기계를 5,200원에 구입하고 대금은 현금으로 지급하다.

구 분	차 변	대 변
분 개		

18) 신제품의 연구를 위한 비경상적 비용으로 3,500원을 현금으로 지급(지출)하다.

구 분	차 변	대 변
분 개		

(2) 자산증가 – 부채증가

① 상품 4,700원을 구입하고 대금은 외상으로(나중에 주기로) 하다.

- 분 개 : (차변) 상 품 4,700원 (대변) 외상매입금 4,700원
- 거래요소 : 자산증가 부채증가
- 핵 심 : 회사 입장에서 상품은 들어오고 그로 인해 부채가 증가한다.

② 상품 5,600원을 구입하고 대금으로 약속어음을 발행하여 주다.

- 분 개 : (차변) 상 품 5,600원 (대변) 지급어음 5,600원
- 거래요소 : 자산증가 부채증가
- 핵 심 : 재고자산을 구입하고 약속어음을 발행해 주는 경우 사용하는 표준계정과목은 "지급어음"이다. 지급어음은 재무상태표에 표시할 때 외상매입금과 함께 통합하여 "매입채무"로 표시한다.

③ 업무용 책상 2,200원을 구입하고 대금은 외상으로(나중에 주기로) 하다.

- 분 개 : (차변) 비 품 2,200원 (대변) 미지급금 2,200원
- 거래요소 : 자산증가 부채증가
- 핵 심 : 회사 입장에서 책상은 들어오고 그로 인해 부채가 증가한다. 재고자산(상품) 이외의 것을 구입하고 대금을 외상으로 하는 경우 사용하는 표준계정과목은 "미지급금"이다.

④ 업무용 책상 6,300원을 구입하고 대금은 약속어음을 발행하여 주다.

- 분 개 : (차변) 비 품 6,300원 (대변) 어음미지급금 6,300원
- 거래요소 : 자산증가 부채증가
- 핵 심 : 재고자산 이외의 것을 구입하고 어음을 발행하는 경우 사용하는 표준계정과목은 "어음미지급금"이다. 어음미지급금은 재무상태표에 표시할 때 미지급금에 통합하여 표시한다.

⑤ 거래처에 상품을 공급하기로 약정(약속)하고 계약금으로 2,600원을 현금으로 받다.

- 분 개 : (차변) 현 금 2,600원 (대변) 선수금 2,600원
- 거래요소 : 자산증가 부채증가
- 핵 심 : 회사입장에서 계약금으로 받은 현금은 들어오고, 그로 인해 약속대로 상품을 공급해야 하는 의무가 발생한다. 이때 사용하는 표준계정과목은 "선수금"이다.

⑥ 한일은행으로부터 현금 2,800원을 6개월 후에 갚기로 하고 차입하다(빌려오다).

- 분　　개 : (차변) 현 금　　2,800원　　(대변) 단기차입금　　2,800원
- 거래요소 :　　자산증가　　부채증가
- 핵　　심 : 회사입장에서 차입으로 현금은 들어오지만, 그로 인해 나중에 갚아야 할 의무가 발생한다. 이때 사용하는 표준계정과목은 "단기차입금"이다.

⑦ 채용이 확정된 신입사원 홍길동으로부터 신원보증보험료로 현금 1,300원을 받아 잠시 보관하기로 하다.

- 분　　개 : (차변) 현 금　　1,300원　　(대변) 예수금　　1,300원
- 거래요소 :　　자산증가　　부채증가
- 핵　　심 : 회사입장에서 현금은 들어오지만, 이는 나중에 보험회사에 종업원 대신 납부하여야 의무가 발생한다. 이때 사용하는 표준계정과목은 "예수금"이다.

⑧ 당점 당좌(예금)계좌에 원인을 모르는 3,400원이 입금되다.

- 분　　개 : (차변) 당좌예금　　3,400원　　(대변) 가수금　　3,400원
- 거래요소 :　　자산증가　　부채증가
- 핵　　심 : 현금이나 예금의 수입은 있으나 계정과목이나 금액을 확정시키기 어려운 경우 일시적으로 사용하는 표준계정과목은 "가수금"이다.

(3) 자산증가 – 자본증가

① 현금 5,000원을 출자하여 상품매매업을 시작하다.

- 분　　개 : (차변) 현 금　　5,000원　　(대변) 자본금　　5,000원
- 거래요소 :　　자산증가　　자본증가
- 핵　　심 : 출자자 입장에서는 현금이 나갔지만, 분개는 회사입장에서 하고 회사에 입장에서는 현금이 들어 온 것이다. 또한 출자된 금액에 대해서 사용하는 표준계정과목은 "자본금"이다.

② 기업주가 업무용 자동차 2,300원을 추가로 출자하다.

- 분　　개 : (차변) 차량운반구　　2,300원　　(대변) 자본금　　2300원
- 거래요소 :　　자산증가　　자본증가
- 핵　　심 : 출자는 현금 이외의 자산으로도 가능하고 이러한 출자를 현물출자라 한다.

(4) 자산증가 – 수익발생

① 판매대행 의뢰를 받아 이를 해주고 수수료로 현금 3,400원을 받다.

- 분　　개 : (차변) 현 금　　3,400원　　(대변) 수수료수익　　3,400원
- 거래요소 :　　자산증가　　수익발생
- 핵　　심 : 받은 수수료에 사용하는 표준계정과목은 "수수료수익"이다.

② 안양상사에 빌려준 대여금으로부터 발생한 이자 4,100원을 현금으로 받다.

- 분　　개 : (차변) 현 금　　4,100원　　(대변) 이자수익　　4,100원
- 거래요소 :　　자산증가　　수익발생
- 핵　　심 : 받은 이자에 사용하는 표준계정과목은 "이자수익"이다.

③ 단기투자목적으로 투자했던 인천상사 주식으로부터 배당금 2,900원을 현금으로 받다.

- 분　　개 : (차변) 현 금　　2,900원　　(대변) 배당금수익　　2,900원
- 거래요소 :　　자산증가　　수익발생
- 핵　　심 : 받은 배당금에 사용하는 표준계정과목은 "배당금수익"이다.

④ 사무실을 빌려주고 그 대가로 현금 6,600원을 받다.

- 분　　개 : (차변) 현 금　　6,600원　　(대변) 임대료　　6,600원
- 거래요소 :　　자산증가　　수익발생
- 핵　　심 : 부동산 등을 빌려주고 받는 대가에 사용하는 표준계정과목은 "임대료"이다.

⑤ 결손금 누적으로 이를 보전(처리)하기 위하여 아무런 대가 없이 대표이사로부터 8,900원을 현금으로 받다.

- 거래요소 : (차변) 현 금　　8,900원　　(대변) 자산수증이익　　8,900원
- 거래요소 :　　자산증가　　수익발생
- 핵　　심 : 결손금처리(자본보전)을 위하여 출자자(주주) 등이 무상으로 회사에 납입한 금액에 사용하는 표준계정과목은 "자산수증이익"이다.

 무작정 따라하기 2-1

• 다음 거래를 분개하시오.

<자산증가 - 부채증가>

1) 상품 3,900원을 구입하고 대금은 외상으로 (나중에 주기로) 하다.

구 분	차 변	대 변
분 개		
거래요소		

[핵심] 회사 입장에서 상품은 들어오고 그로 인해 부채가 증가한다.

2) 상품 4,400원을 구입하고 대금으로 약속어음을 발행하여 주다.

구 분	차 변	대 변
분 개		
거래요소		

[핵심] 재고자산을 구입하고 약속어음을 발행해 주는 경우 사용하는 표준계정과목은 "지급어음"이다. 지급어음은 재무상태표에 표시할 때 외상매입금과 함께 통합하여 "매입채무"로 표시한다.

3) 업무용 의자 3,200원을 구입하고 대금은 외상으로 (나중에 주기로) 하다.

구 분	차 변	대 변
분 개		
거래요소		

[핵심] 회사 입장에서 의자는 들어오고 그로 인해 부채가 증가한다. 재고자산(상품) 이외의 것을 구입하고 대금을 외상으로 하는 경우 사용하는 표준계정과목은 "미지급금"이다.

4) 업무용 책상 4,700원을 구입하고 대금은 약속어음을 발행하여 주다.

구 분	차 변	대 변
분 개		
거래요소		

[핵심] 재고자산 이외의 것을 구입하고 어음을 발행하는 경우 사용하는 표준계정과목은 "어음미지급금"이다. 어음미지급금은 재무상태표에 표시할 때 미지급금에 통합하여 표시한다.

5) 거래처에 상품을 공급하기로 약정(약속)하고 계약금으로 1,500원을 현금으로 받다.

구 분	차 변	대 변
분 개		
거래요소		

[핵심] 회사입장에서 계약금으로 받은 현금은 들어오고, 그로 인해 약속대로 상품을 공급해야 하는 의무가 발생한다. 이때 사용하는 표준계정과목은 "선수금"이다.

6) 제일은행으로부터 현금 3,700원을 6개월 후에 갚기로 하고 차입하다(빌려오다).

구 분	차 변	대 변
분 개		
거래요소		

[핵심] 회사입장에서 차입으로 현금은 들어오지만, 그로인해 나중에 갚아야 할 의무가 발생한다. 이때 사용하는 표준계정과목은 "단기차입금"이다.

7) 채용이 확정된 신입사원 김갑돌로부터 자신의 신원보증보험료로 현금 1,800원을 받아 잠시 보관하기로 하다.

구 분	차 변	대 변
분 개		
거래요소		

[핵심] 회사입장에서 현금은 들어오지만, 이는 나중에 보험회사에 종업원 대신 납부하여야 의무가 발생한다. 이때 사용하는 표준계정과목은 "예수금"이다.

8) 당점 당좌(예금)계좌에 원인을 모르는 2,900원이 입금되다.

구 분	차 변	대 변
분 개		
거래요소		

[핵심] 현금이나 예금의 수입은 있으나 계정과목이나 금액을 확정시키기 어려운 경우 일시적으로 사용하는 표준계정과목은 "가수금"이다.

<자산증가 - 자본증가>

9) 현금 5,000원을 출자하여 상품매매업을 시작하다.

구 분	차 변	대 변
분 개		
거래요소		

[핵심] 출자자 입장에서는 현금이 나갔지만, 분개는 회사입장에서 하고 회사에 입장에서는 현금이 들어 온 것이다. 또한 출자된 금액에 대해서 사용하는 표준계정과목은 "자본금"이다.

10) 기업주가 업무용 오토바이 1,400원을 추가로 출자하다.

구 분	차 변	대 변
분 개		
거래요소		

[핵심] 출자는 현금 이외의 자산으로도 가능하고 이러한 출자를 현물출자라 한다.

<자산증가 - 수익발생>

11) 구매대행 의뢰를 받아 이를 해주고 수수료로 현금 2,600원을 받다.

구 분	차 변	대 변
분 개		
거래요소		

[핵심] 받은 수수료에 사용하는 표준계정과목은 "수수료수익"이다.

12) 강동상사에 빌려준 대여금으로부터 발생한 이자 2,100원을 현금으로 받다.

구 분	차 변	대 변
분 개		
거래요소		

[핵심] 받은 이자에 사용하는 표준계정과목은 "이자수익"이다.

13) 단기투자목적으로 투자했던 평택상사 주식으로부터 배당금 1,900원을 현금으로 받다.

구 분	차 변	대 변
분 개		
거래요소		

[핵심] 받은 배당금에 사용하는 표준계정과목은 "배당금수익"이다.

14) 창고를 빌려주고 그 대가로 현금 4,600원을 받다.

구 분	차 변	대 변
분 개		
거래요소		

[핵심] 부동산 등을 빌려주고 받는 대가에 사용하는 표준계정과목은 "임대료"이다.

15) 결손금 누적으로 이를 보전(처리)하기 위하여 아무런 대가 없이 대표이사로부터 6,800원을 현금으로 받다.

구 분	차 변	대 변
분 개		
거래요소		

[핵심] 결손금처리(자본보전)을 위하여 출자자(주주) 등이 무상으로 회사에 납입한 금액에 사용하는 표준계정과목은 "자산수증이익"이다.

무작정 따라하기 2-2

• 다음 거래를 분개하시오.

1) 현금 6,000원을 출자하여 부동산중개업을 시작하다.

구 분	차 변	대 변
분 개		

[핵심] 출자자 입장에서는 현금이 나갔지만, 분개는 회사입장에서 현금이 들어온 것이다. 또한 출자된 금액에 대해서 사용하는 표준계정과목은 "자본금"이다.

2) 기업주가 업무용 화물자동차 2,400원을 추가로 출자하다.

구 분	차 변	대 변
분 개		

[핵심] 출자는 현금 이외의 자산으로도 가능하고 이러한 출자를 현물출자라 한다.

3) 상품 4,900원을 구입하고 대금은 외상으로 (나중에 주기로)하다.

구 분	차 변	대 변
분 개		

[핵심] 회사 입장에서 상품은 들어오고 그로 인해 부채가 증가한다.

4) 상품 5,400원을 구입하고 대금으로 약속어음을 발행하여 주다.

구 분	차 변	대 변
분 개		

[핵심] 재고자산을 구입하고 약속어음을 발행해 주는 경우 사용하는 표준계정과목은 "지급어음"이다. 지급어음은 재무상태표에 표시할 때 외상매입금과 함께 통합하여 "매입채무"로 표시한다.

5) 사무실 옷장 5,300원을 구입하고 대금은 외상으로 (나중에 주기로)하다.

구 분	차 변	대 변
분 개		

[핵심] 회사 입장에서 의자는 들어오고 그로 인해 부채가 증가한다. 재고자산(상품) 이외의 것을 구입하고 대금을 외상으로 하는 경우 사용하는 표준계정과목은 "미지급금"이다.

6) 사무실 테이블 5,800원을 구입하고 대금은 약속어음을 발행해 주다.

구 분	차 변	대 변
분 개		

[핵심] 재고자산 이외의 것을 구입하고 어음을 발행하는 경우 사용하는 표준계정과목은 "어음미지급금"이다. 어음미지급금은 재무상태표에 표시할 때 미지급금에 통합하여 표시한다.

7) 거래처에 상품을 공급하기로 약정(약속)하고 계약금으로 1,600원을 현금으로 받다.

구 분	차 변	대 변
분 개		

[핵심] 회사입장에서 계약금으로 받은 현금은 들어오고, 그로 인해 약속대로 상품을 공급해야 하는 의무가 발생한다. 이때 사용하는 표준계정과목은 "선수금"이다.

8) 한미은행으로부터 현금 4,800원을 10개월 후에 갚기로 하고 차입하다(빌려오다).

구 분	차 변	대 변
분 개		

[핵심] 회사입장에서 차입으로 현금은 들어오지만, 그로인해 나중에 갚아야 할 의무가 발생한다. 이때 사용하는 표준계정과목은 "단기차입금"이다.

9) 채용이 확정된 신입사원 김강남씨로부터 자신의 신원보증보험료로 현금 2,000원을 받아 잠시 보관하기로 하다.

구 분	차 변	대 변
분 개		

[핵심] 회사입장에서 현금은 들어오지만, 이는 나중에 보험회사에 종업원 대신 납부하여야 의무가 발생한다. 이때 사용하는 표준계정과목은 "예수금"이다.

10) 당점 당좌(예금)계좌에 원인을 모르는 3,700원이 입금되다.

구 분	차 변	대 변
분 개		

[핵심] 현금이나 예금의 수입은 있으나 계정과목이나 금액을 확정시키기 어려운 경우 일시적으로 사용하는 표준계정과목은 "가수금"이다.

11) 상품매매를 위탁 받아 이를 해주고 수수료로 현금 3,500원을 받다.

구 분	차 변	대 변
분 개		

[핵심] 받은 수수료에 사용하는 표준계정과목은 "수수료수익"이다.

12) 김강북씨에게 빌려준 대여금으로부터 발생한 이자 3,000원을 현금으로 받다.

구 분	차 변	대 변
분 개		

[핵심] 받은 이자에 사용하는 표준계정과목은 "이자수익"이다.

13) 단기투자목적으로 투자했던 숭원상사 주식으로부터 배당금 2,600원을 현금으로 받다.

구 분	차 변	대 변
분 개		

[핵심] 받은 배당금에 사용하는 표준계정과목은 "배당금수익"이다.

14) 토지를 빌려주고 그 대가로 현금 5,300원을 받다.

구 분	차 변	대 변
분 개		

[핵심] 부동산 등을 빌려주고 받는 대가에 사용하는 표준계정과목은 "임대료"이다.

15) 결손금 누적으로 이를 보전(처리)하기 위하여 아무런 대가 없이 최대주주로부터 7,900원을 현금으로 받다.

구 분	차 변	대 변
분 개		

[핵심] 결손금처리(자본보전)을 위하여 출자자(주주) 등이 무상으로 회사에 납입한 금액에 사용하는 표준계정과목은 "자산수증이익"이다.

무작정 따라하기 2-3

• 다음 거래를 분개하시오.

1) 상품 7,700원을 구입하고 대금으로 약속어음을 발행하여 주다.

구 분	차 변	대 변
분 개		

2) 현금 8,500원을 출자하여 인터넷서비스업을 시작하다.

구 분	차 변	대 변
분 개		

3) 사무실 복사기 7,900원을 구입하고 대금은 외상으로 (나중에 주기로) 하다.

구 분	차 변	대 변
분 개		

4) 기업주가 운반용 트럭 3,300원을 추가로 출자하다.

구 분	차 변	대 변
분 개		

5) 사무실 옷장 6,300원을 구입하고 대금은 약속어음을 발행해 주다.

구 분	차 변	대 변
분 개		

6) 상품 6,400원을 구입하고 대금은 외상으로 (나중에 주기로) 하다.

구 분	차 변	대 변
분 개		

7) 거래처에 상품을 공급하기로 약정(약속)하고 계약금으로 2,800원을 현금으로 받다.

구 분	차 변	대 변
분 개		

8) 채용이 확정된 신입사원 한강일씨로부터 신원보증보험료로 현금 2,600원을 받아 잠시 보관하기로 하다.

구 분	차 변	대 변
분 개		

9) 제품 수리(서비스)를 해주고 수수료로 현금 2,100원을 받다.

구 분	차 변	대 변
분 개		

10) 한일은행으로부터 현금 6,000원을 11개월 후에 갚기로 하고 차입하다(빌려오다).

구 분	차 변	대 변
분 개		

11) 당점 보통예금에 원인을 모르는 5,600원이 입금되다.

구 분	차 변	대 변
분 개		

12) 결손금 누적으로 이를 보전(처리)하기 위하여 아무런 대가 없이 최대주주로부터 9,100원을 현금으로 받다.

구 분	차 변	대 변
분 개		

13) 기계를 3개월간 빌려주고 그 대가로 현금 7,200원을 받다.

구 분	차 변	대 변
분 개		

14) 백두산씨에게 빌려준 대여금으로부터 발생한 이자 1,700원을 현금으로 받다.

구 분	차 변	대 변
분 개		

15) 단기투자목적으로 투자했던 한라상사 주식으로부터 배당금 1,900원을 현금으로 받다.

구 분	차 변	대 변
분 개		

2. (차) 부채감소 – (대) 자산감소 · 부채증가 · 자본증가 · 수익발생

(1) 부채감소 – 자산감소

① 경기상사로부터 10개월간 차입했던(빌려왔던) 차입금 3,000원을 현금으로 상환(지급)하다.

- 분 개 : (차변) 단기차입금 3,000원 (대변) 현 금 3,000원
- 거래요소 : 부채감소 자산감소
- 핵 심 : 회사입장에서 차입금은 없어지고(소멸되고) 대신에 현금이 나간다(감소한다).

② 수원상회의 외상매입금 중 5,200원을 현금으로 상환(지급)하다.

- 분 개 : (차변) 외상매입금 5,200원 (대변) 현 금 5,200원
- 거래요소 : 부채감소 자산감소
- 핵 심 : 회사입장에서 발생했었던 부채는 없어지고(소멸되고) 대신에 현금이 나간다.

③ 상품 구입을 위해 발행한 약속어음 4,000원이 만기가 되어 당좌수표를 발행하여 상환하다(갚다).

- 분 개 : (차변) 지급어음 4,000원 (대변) 당좌예금 4,000원
- 거래요소 : 부채감소 자산감소
- 핵 심 : 회사입장에서 어음발행으로 발생했었던 부채는 없어지고(소멸되고), 당좌수표를 발행하면 당좌예금이 감소한다.

④ 강화상사로부터 받은 계약금 2,000원만큼 우선 상품을 인도(판매)하다.

- 분 개 : (차변) 선수금 2,000원 (대변) 상 품 2,000원
- 거래요소 : 부채감소 자산감소
- 핵 심 : 미리 받은 계약금(부채)은 없어지고(소멸되고) 대신에 상품이 나간다.

⑤ 기계 구입을 위해 발생한 외상대금 3,100원을 당좌수표를 발행하여 상환하다.

- 분 개 : (차변) 미지급금 3,100원 (대변) 당좌예금 3,100원
- 거래요소 : 부채감소 자산감소
- 핵 심 : 외상대금(부채)은 없어지고(소멸되고) 대신에 당좌예금이 감소한다.

⑥ 종업원으로부터 받아두었던 신원보증보험료 1,300원을 관계기관(보험사)에 현금으로 납부하다.

- 분 개 : (차변) 예수금 1,300원 (대변) 현 금 1,300원
- 거래요소 : 부채감소 자산감소
- 핵 심 : 잠시 맡아두는 돈에 대해 사용하는 표준계정과목은 "예수금"이다.

(2) 부채감소 – 부채증가

① 외상매입금 7,100원을 상환하기 위하여 약속어음을 발행해 지급하다.

- 분　　개 : (차변) 외상매입금　7,100원　　(대변) 지급어음　7,100원
- 거래요소 : 　　부채감소　　　　　　부채증가
- 핵　　심 : 재고자산 거래에서 발생한 외상매입금을 갚기 위하여 발행되는 약속어음에 사용하는 표준계정과목은 "지급어음"이다.

② 미지급금 2,400원을 상환하기 위하여 약속어음을 발행해 지급하다.

- 분　　개 : (차변) 미지급금　2,400원　　(대변) 어음미지급금　2,400원
- 거래요소 : 　　부채감소　　　　　　부채증가
- 핵　　심 : 재고자산 이외의 거래에서 발생한 미지급금을 갚기 위하여 발행되는 약속어음에 사용하는 표준계정과목은 "어음미지급금"이다.

개념이 쉬워지는
보충 설명

외상매입금과 지급어음은 재무상태표에 표시할 때 매입채무로 통합표시한다. 또한 미지급금과 어음미지급금은 재무상태표에 표시할 때 미지급금으로 통합표시한다. 따라서 큰 틀에서 보면 재무상태에 변동이 발생하지 않았으므로 분개할 필요가 없다고 생각할 수도 있다. 그러나 거래에서 어음발행 행위 자체가 중요한 회계정보이므로 실무적으로 외상매입금(미지급금)과 지급어음(어음미지급금)을 구분하여 회계처리하며, 결산기말 재무상태표를 작성할 때만 이들 계정과목을 통합하여 표시한다.

③ 단기차입금 3,300원을 상환하기 위하여 약속어음을 발행해 지급하다.

- 분　　개 : (차변) 단기차입금　3,300원　　(대변) 어음차입금　3,300원
- 거래요소 : 　　부채감소　　　　　　부채증가
- 핵　　심 : 단기차입금을 갚기 위하여 발행되는 약속어음에 사용하는 표준계정과목은 "어음차입금"이다. 어음차입금은 재무상태표에 단기차입금으로 통합표시된다.

(3) 부채감소 – 자본증가

① 사채권자의 요구로 (전환)사채 7,500원을 출자전환하다.

- 분　　개 : (차변) 사 채　7,500원　　(대변) 자본금　7,500원
- 거래요소 : 　　부채감소　　　　　　자본증가
- 핵　　심 : 전환사채는 채권자가 부채상환 대신에 주식(자본금)으로 전환을 요구할 수 있다.

(4) 부채감소 – 수익발생

① 결손 보전을 위하여 사장의 친인척인 채권자가 단기차입금 6,600원의 상환을 면제하여 주다.

- 분　　개 : (차변) 단기차입금　6,600원　(대변) 채무면제이익　6,600원
- 거래요소 : 부채감소　수익발생
- 핵　　심 : 채권자가 부채상환을 면제해 주는 경우에 그 부채금액만큼 "채무면제이익"이 발생한다.

3. (차)자본감소 – (대) 자산감소 · 부채증가 · 자본증가

(1) 자본감소 – 자산감소

① 기업주가 개인용도로 현금 1,300원을 인출하다.

- 분　　개 : (차변) 인출금(자본금)　1,300원　(대변) 현 금　1,300원
- 거래요소 : 자본감소　자산감소
- 핵　　심 : 기업주가 개인적으로 현금, 상품 등을 소비하는 경우에 사용하는 계정과목은 "인출금"이다. 인출금은 기중에 잠시 사용하는 계정과목이며, 결산시 자본금 계정에 대체한다.

(2) 자본감소 – 부채증가

① 자본금 2,000원을 감자(자본금 감소)하여 장기차입금으로 전환하다.

- 분　　개 : (차변) 자본금　2,000원　(대변) 장기차입금　2,000원
- 거래요소 : 자본감소　부채증가
- 핵　　심 : 발생가능성이 거의 없는 경우이나 이해를 돕기 위해 제시한 사례다. 자본금은 감소하고 장기차입금이 증가한다.

(3) 자본감소 – 자본증가

① 이사회 결의로 기발생된 자본잉여금 3,700원을 자본(금)에 전입하다.

- 분　　개 : (차변) 자본잉여금　3,700원　(대변) 자본금　3,700원
- 거래요소 : 자본감소　자본증가
- 핵　　심 : 자본잉여금을 자본에 전입한다는 표현은 자본잉여금으로 자본금을 증가시킨다는 것이다(형식적증자).

개념이 쉬워지는
보충 설명

발생할 수 없는 거래요소의 결합

구 분	차 변	대 변
거래요소	자본감소	수익발생
	비용발생	자본증가
	비용발생	수익발생

무작정 따라하기 3 - 1

• 다음 거래를 분개하시오.

<부채감소 - 자산감소>

1) 충남상사로부터 11개월간 차입했던(빌려왔던) 차입금 4,100원을 현금으로 상환(지급)하다.

구 분	차 변	대 변
분 개		
거래요소		

[핵심] 회사입장에서 차입금은 없어지고(소멸되고) 대신에 현금이 나간다.

2) 대전상회의 외상매입금 중 6,300원을 현금으로 상환(지급)하다.

구 분	차 변	대 변
분 개		
거래요소		

[핵심] 회사입장에서 어음발행으로 발생했었던 부채는 없어지고(소멸되고) 대신에 현금이 나간다.

3) 상품 구입을 위해 발행한 약속어음3,400원이 만기가 되어 당좌수표를 발행하여 상환하다(갚다).

구 분	차 변	대 변
분 개		
거래요소		

[핵심] 회사입장에서 어음발행으로 발생했었던 부채는 없어지고(소멸되고), 당좌수표를 발행하면 당좌예금이 감소한다.

4) 김포상사로부터 받은 계약금 3,100원만큼 우선 상품을 인도(판매)하다.

구 분	차 변	대 변
분 개		
거래요소		

[핵심] 미리 받은 계약금(부채)는 없어지고(소멸되고) 대신에 상품이 나간다.

5) 기계 구입을 위해 발생한 외상대금 4,200원을 당좌수표를 발행하여 상환하다.

구 분	차 변	대 변
분 개		
거래요소		

[핵심] 외상대금(부채)는 없어지고(소멸되고) 대신에 당좌예금이 감소한다.

6) 종업원으로부터 받아두었던 신원보증보험료 2,400원을 관계기관(보험사)에 현금으로 납부하다.

구 분	차 변	대 변
분 개		
거래요소		

[핵심] 잠시 맡아두는 돈에 대해 사용하는 표준계정과목은 "예수금"이다.

<부채감소 - 부채증가>

7) 외상매입금 8,200원을 상환하기 위하여 약속어음을 발행해 지급하다.

구 분	차 변	대 변
분 개		
거래요소		

[핵심] 재고자산 거래에서 발생한 외상매입금을 갚기 위하여 발행되는 약속어음에 사용하는 표준계정과목은 "지급어음"이다.

8) 미지급금 3,500원을 상환하기 위하여 약속어음을 발행해 지급하다.

구 분	차 변	대 변
분 개		
거래요소		

[핵심] 재고자산 이외의 거래에서 발생한 미지급금을 갚기 위하여 발행되는 약속어음에 사용하는 표준계정과목은 "어음미지급금"이다.

9) 단기차입금 4,400원을 상환하기 위하여 약속어음을 발행해 지급하다.

구 분	차 변	대 변
분 개		
거래요소		

[핵심] 단기차입금을 갚기 위하여 발행되는 약속어음에 사용하는 표준계정과목은 "어음차입금"이다. 어음차입금에 은 재무상태표에 단기차입금으로 통합표시된다.

<부채감소 - 자본증가>

10) 사채권자의 요구로 (전환)사채 9,700원을 출자전환하다.

구 분	차 변	대 변
분 개		
거래요소		

[핵심] 전환사채는 채권자가 부채상환 대신에 주식(자본금)으로 전환을 요구할 수 있다.

<부채감소 - 수익발생>

11) 결손 보전을 위하여 회사 대표의 친인척인 채권자가 단기차입금 7,700원의 상환을 면제하여 주다.

구 분	차 변	대 변
분 개		
거래요소		

[핵심] 채권자가 부채상환을 면제해 주는 경우에 그 부채금액만큼 "채무면제이익"이 발생한다.

<자본감소 - 자산감소>

12) 기업주가 개인용도로 현금 3,500원을 인출하다.

구 분	차 변	대 변
분 개		
거래요소		

[핵심] 기업주가 개인적으로 현금, 상품 등을 소비하는 경우에 사용하는 계정과목은 "인출금"이다. 인출금은 기중에 잠시 사용하는 계정과목이며, 결산시 자본금 계정에 대체한다.

<자본감소 - 부채증가>

13) 자본금 3,200원을 감자(자본금 감소)하여 장기차입금으로 전환하다.

구 분	차 변	대 변
분 개		
거래요소		

[핵심] 발생가능성이 거의 없는 경우이나 이해를 돕기 위해 제시한 사례다. 자본금은 감소하고 장기차입금이 증가한다.

<자본감소 - 자본증가>

14) 이사회 결의로 기발생된 자본잉여금 4,800원을 자본(금)에 전입하다.

구 분	차 변	대 변
분 개		
거래요소		

[핵심] 자본잉여금을 자본에 전입한다는 표현은 자본잉여금으로 자본금을 증가시킨다는 것이다(형식적증자).

무작정 따라하기 3-2

• 다음 거래를 분개하시오.

1) 외상매입금 9,400원을 상환하기 위하여 약속어음을 발행해 지급하다.

구 분	차 변	대 변
분 개		

[핵심] 재고자산 거래에서 발생한 외상매입금을 갚기 위하여 발행되는 약속어음에 사용하는 표준계정과목은 "지급어음"이다.

2) 미지급금 4,700원을 상환하기 위하여 약속어음을 발행해 지급하다.

구 분	차 변	대 변
분 개		

[핵심] 재고자산 이외의 거래에서 발생한 미지급금을 갚기 위하여 발행되는 약속어음에 사용하는 표준계정과목은 "어음미지급금"이다.

3) 단기차입금 5,600원을 상환하기 위하여 약속어음을 발행해 지급하다.

구 분	차 변	대 변
분 개		

[핵심] 단기차입금을 갚기 위하여 발행되는 약속어음에 사용하는 표준계정과목은 "어음차입금"이다. 어음차입금에 은 재무상태표에 단기차입금으로 통합표시된다.

4) 사채권자의 요구로 (전환)사채 7,300원을 출자전환하다.

구 분	차 변	대 변
분 개		

[핵심] 전환사채는 채권자가 부채상환 대신에 주식(자본금)으로 전환을 요구할 수 있다.

5) 황해상사로부터 11개월간 차입했던(빌려왔던) 차입금 5,300원을 현금으로 상환(지급)하다.

구 분	차 변	대 변
분 개		

[핵심] 회사입장에서 차입금은 없어지고(소멸되고) 대신에 현금이 나간다.

6) 남해상회의 외상매입금 중 7,500원을 현금으로 상환(지급)하다.

구 분	차 변	대 변
분 개		

[핵심] 회사입장에서 어음발행으로 발생했었던 부채는 없어지고(소멸되고) 대신에 현금이 나간다.

7) 상품 구입을 위해 발행한 약속어음 4,700원이 만기가 되어 당좌수표를 발행하여 상환하다(갚다).

구 분	차 변	대 변
분 개		

[핵심] 회사입장에서 어음발행으로 발생했었던 부채는 없어지고(소멸되고), 당좌수표를 발행하면 당좌예금이 감소한다.

8) 김포상사로부터 받은 계약금 5,300원만큼 우선 상품을 인도(판매)하다.

구 분	차 변	대 변
분 개		

[핵심] 미리 받은 계약금(부채)는 없어지고(소멸되고) 대신에 상품이 나간다.

9) 기계 구입을 위해 발생한 외상대금 6,400원을 당좌수표를 발행하여 상환하다.

구 분	차 변	대 변
분 개		

[핵심] 외상대금(부채)는 없어지고(소멸되고) 대신에 당좌예금이 감소한다.

10) 종업원으로부터 받아두었던 신원보증보험료 3,700원을 관계기관(보험사)에 현금으로 납부하다.

구 분	차 변	대 변
분 개		

[핵심] 잠시 맡아두는 돈에 대해 사용하는 표준계정과목은 "예수금"이다.

11) 결손 보전을 위하여 회사 대표의 친인척인 채권자가 단기차입금 9,900원의 상환을 면제하여 주다.

구 분	차 변	대 변
분 개		

[핵심] 채권자가 부채상환을 면제해 주는 경우에 그 부채금액만큼 "채무면제이익"이 발생한다.

12) 기업주가 개인용도로 현금 4,700원을 인출하다.

구 분	차 변	대 변
분 개		

[핵심] 기업주가 개인적으로 현금, 상품 등을 소비하는 경우에 사용하는 계정과목은 "인출금"이다. 인출금은 기중에 잠시 사용하는 계정과목이며, 결산시 자본금 계정에 대체한다.

13) 자본금 4,600원을 감자(자본금 감소)하여 장기차입금으로 전환하다.

구 분	차 변	대 변
분 개		

[핵심] 발생가능성이 거의 없는 경우이나 이해를 돕기 위해 제시한 사례다. 자본금은 감소하고 장기차입금이 증가한다.

14) 이사회 결의로 기발생된 자본잉여금 5,900원을 자본(금)에 전입하다.

구 분	차 변	대 변
분 개		

[핵심] 자본잉여금을 자본에 전입한다는 표현은 자본잉여금으로 자본금을 증가시킨다는 것이다(형식적증자).

무작정 따라하기 3-3

• 다음 거래를 분개하시오.

1) 단기차입금 6,300원을 상환하기 위하여 약속어음을 발행해 지급하다.

구 분	차 변	대 변
분 개		

2) 외상매입금 2,600원을 상환하기 위하여 약속어음을 발행해 지급하다.

구 분	차 변	대 변
분 개		

3) 사채권자의 요구로 (전환)사채 9,600원을 출자전환하다.

구 분	차 변	대 변
분 개		

4) 미지급금 6,900원을 상환하기 위하여 약속어음을 발행해 지급하다.

구 분	차 변	대 변
분 개		

5) 서해상사로부터 11개월간 차입했던(빌려왔던) 차입금 7,800원을 현금으로 상환(지급)하다.

구 분	차 변	대 변
분 개		

6) 상품 구입을 위해 발행한 약속어음 6,100원이 만기가 되어 당좌수표를 발행하여 상환하다(갚다).

구 분	차 변	대 변
분 개		

7) 울릉상회의 외상매입금 중 4,200원을 현금으로 상환(지급)하다.

구 분	차 변	대 변
분 개		

8) 자본금 2,200원을 감자(자본금 감소)하여 장기차입금으로 전환하다.

구 분	차 변	대 변
분 개		

9) 종업원으로부터 받아두었던 신원보증보험료 2,900원을 관계기관(보험사)에 현금으로 납부하다.

구 분	차 변	대 변
분 개		

10) 이사회 결의로 기발생된 자본잉여금 3,700원을 자본(금)에 전입하다.

구 분	차 변	대 변
분 개		

11) 화성상사로부터 받은 계약금 7,600원만큼 우선 상품을 인도(판매)하다.

구 분	차 변	대 변
분 개		

12) 기업주가 개인용도로 현금 6,800원을 인출하다.

구 분	차 변	대 변
분 개		

13) 건물 구입을 위해 발생한 외상대금 8,700원을 당좌수표를 발행하여 상환하다.

구 분	차 변	대 변
분 개		

14) 결손 보전을 위하여 회사 대표의 친인척인 채권자가 단기차입금 3,200원의 상환을 면제하여 주다.

구 분	차 변	대 변
분 개		

4. (차) 비용발생 – (대) 자산감소 · 부채증가

(1) 비용발생 – 자산감소

① 직원 김길동씨에게 1개월간 월급 9,200원을 현금으로 지급하다.

- 분 개 : (차변) 급 여 9,200원 (대변) 현 금 9,200원
- 거래요소 : 비용발생 자산감소
- 핵 심 : 근로의 대가로 지급하는 봉급, 상여금 등의 표준계정과목은 "급여"이다.

② 직원 김길동씨가 결혼하여 축의금으로 5,000원을 현금으로 지급하다.

- 분 개 : (차변) 복리후생비 5,000원 (대변) 현 금 5,000원
- 거래요소 : 비용발생 자산감소
- 핵 심 : 급여 이외의 임 · 직원의 후생과 복지를 위해 지급하는 식당운영비, 체육비, 경조사비 등에 사용하는 표준계정과목은 "복리후생비"이다.

③ 1달분 사무실 사용료 3,400원을 당좌수표를 발행해 지급하다.

- 분 개 : (차변) 임차료 3,400원 (대변) 당좌예금 3,400원
- 거래요소 : 비용발생 자산감소
- 핵 심 : 부동산 등을 빌려 쓰고 그 대가로 지급하는 금액에 사용하는 표준계정과목은 "임차료"이다.

④ 거래처 경동상사의 직원과의 점심 식사비 8,000원을 현금으로 지급하다.

- 분 개 : (차변) 접대비 8,000원 (대변) 현 금 8,000원
- 거래요소 : 비용발생 자산감소
- 핵 심 : 사업상 지출되는 교제비(거래처 식대, 선물비 등) 금액에 사용하는 표준계정과목은 "접대비"이다.

⑤ 업무용으로 소유한 건물의 재산세 5,300원을 현금으로 지급하다.

- 분 개 : (차변) 세금과공과 5,300원 (대변) 현 금 5,300원
- 거래요소 : 비용발생 자산감소
- 핵 심 : 국가, 지방자치단체의 세금과 사업상 관련 단체의 회비로 지급하는 금액에 사용하는 표준계정과목은 "세금과공과"이다.

⑥ 상품 판매를 촉진하기 위해 신문에 광고비로 2,600원을 현금으로 지급하다.

- 분 개 : (차변) 광고선전비 2,600원 (대변) 현 금 2,600원
- 거래요소 : 비용발생 자산감소
- 핵 심 : 상품 판매를 촉진하기 위해 TV, 신문매체 등에게 지급하는 금액에 사용하는 표준계정과목은 "광고선전비"이다.

⑦ 직원 김길동씨의 시내출장비로 3,100원을 현금으로 지급하다.

- 분　　개 : (차변) 여비교통비　3,100원　(대변) 현 금　3,100원
- 거래요소 : 비용발생　자산감소
- 핵　　심 : 버스요금, 택시요금, 시내출장비 등으로 지급하는 금액에 사용하는 표준계정과목은 "여비교통비"이다.

⑧ 사무실 전화요금으로 1,300원을 현금으로 지급하다.

- 분　　개 : (차변) 통신비　1,300원　(대변) 현 금　1,300원
- 거래요소 : 비용발생　자산감소
- 핵　　심 : 전화, 우편 등의 이용으로 지급하는 금액에 사용하는 표준계정과목은 "통신비"이다.

⑨ 사무실 전기요금으로 1,500원을 현금으로 지급하다.

- 분　　개 : (차변) 수도광열비　1,500원　(대변) 현 금　1,500원
- 거래요소 : 비용발생　자산감소
- 핵　　심 : 수도, 전기, 가스 등의 사용으로 지급하는 금액에 사용하는 표준계정과목은 "수도광열비"이다.

⑩ 사무실 화재보험료로 1,700원을 현금으로 지급하다.

- 분　　개 : (차변) 보험료　1,700원　(대변) 현 금　1,700원
- 거래요소 : 비용발생　자산감소
- 핵　　심 : 각종 보험료로 지급하는 금액에 사용하는 표준계정과목은 "보험료"이다.

⑪ 업무용 차량의 잠금장치 고장으로 수리비로 2,100원을 현금으로 지급하다.

- 분　　개 : (차변) 수선비　2,100원　(대변) 현 금　2,100원
- 거래요소 : 비용발생　자산감소
- 핵　　심 : 건물, 차량운반구, 기계자치 등의 수리비로 지급하는 금액에 사용하는 표준계정과목은 "수선비"이다.

⑫ 영업용 차량의 유류대금으로 1,800원을 현금으로 지급하다.

- 분　　개 : (차변) 차량유지비　1,800원　(대변) 현 금　1,800원
- 거래요소 : 비용발생　자산감소
- 핵　　심 : 영업용(업무용) 차량의 유류비로 지급하는 금액에 사용하는 표준계정과목은 "차량유지비"이다.

⑬ 인터넷 판매대행수수료로 3,600원을 현금으로 지급하다.

- 분　　개 : (차변) 수수료비용　3,600원　(대변) 현 금　3,600원
- 거래요소 : 비용발생　자산감소
- 핵　　심 : 용역을 제공받고 지급하는 수수료 금액에 사용하는 표준계정과목은 "수수료비용"이다.

⑭ 업무용 복사지 1,100원을 구입하고 현금으로 지급하다.

- 분　　개 : (차변) 소모품비　　1,100원　　(대변) 현 금　　1,100원
- 거래요소 :　　비용발생　　　　자산감소
- 핵　　심 : 사무용장부, 볼펜, 복사지 등 문구용품을 구입하고 지급한 금액에 사용하는 표준계정과목은 "소모품비"이다.

⑮ 참고용 잡지를 1,200원에 구입하고 현금으로 지급하다.

- 분　　개 : (차변) 잡 비　　1,200원　　(대변) 현 금　　1,200원
- 거래요소 :　　비용발생　　　　자산감소
- 핵　　심 : 신문료, 잡지료, 회의비 등 소액으로 지급하는 금액에 사용하는 표준계정과목은 "잡비"이다(단, 신문료, 잡지료는 그 금액이 크면 도서인쇄비로 별도 처리가능).

⑯ 서울은행으로부터 빌린 차입금에 대한 이자 3,700원을 수표를 발행하여 지급하다.

- 분　　개 : (차변) 이자비용　　3,700원　　(대변) 당좌예금　　3,700원
- 거래요소 :　　비용발생　　　　자산감소
- 핵　　심 : 타인 자본(차입금)을 이용한 대가로 지급하는 금액에 사용하는 표준계정과목은 "이자비용"이다.

⑰ 연말 불우이웃돕기 성금 5,000원을 현금으로 방송국에 기탁하다.

- 분　　개 : (차변) 기부금　　5,000원　　(대변) 현 금　　5,000원
- 거래요소 :　　비용발생　　　　자산감소
- 핵　　심 : 아무런 대가 없이 기증하는 금전 및 물품의 금액에 사용하는 표준계정과목은 "기부금"이다.

⑱ 화재로 상품 4,300원이 소실되다.

- 분　　개 : (차변) 재해손실　　4,300원　　(대변) 상 품　　4,300원
- 거래요소 :　　비용발생　　　　자산감소
- 핵　　심 : 천재지변이나 도난 등으로 입은 손실 금액에 사용하는 표준계정과목은 "재해손실"이다.

(2) 비용발생 – 부채증가

① 거래처 식사접대에 6,000원을 사용하고 대금은 법인신용카드로 결제하다.

- 분　　개 : (차변) 접대비　　6,000원　　(대변) 미지급금　　6,000원
- 거래요소 :　　비용발생　　　　부채증가
- 핵　　심 : 법인신용카드 결제시 사용하는 표준계정과목은 "미지급금"이다.

무작정 따라하기 4-1

• 다음 거래를 분개하시오.

<비용발생-자산감소>

1) 직원 정갑돌씨에게 1개월간 월급 8,900원을 현금으로 지급하다.

구 분	차 변	대 변
분 개		
거래요소		

[핵심] 근로의 대가로 지급하는 봉급, 상여금 등의 표준계정과목은 "급여"이다.

2) 직원 정갑돌씨가 결혼하여 축의금으로 3,000원을 현금으로 지급하다.

구 분	차 변	대 변
분 개		
거래요소		

[핵심] 급여 이외의 임 · 직원의 후생과 복지를 위해 지급하는 식당운영비, 체육비, 경조사비 등에 사용하는 표준계정과목은 "복리후생비"이다.

3) 1달분 기계 사용료 2,900원을 당좌수표를 발행해 지급하다.

구 분	차 변	대 변
분 개		
거래요소		

[핵심] 부동산 등을 빌려 쓰고 그 대가로 지급하는 금액에 사용하는 표준계정과목은 "임차료"이다.

4) 거래처 동아상사의 직원과의 점심 식사비 7,000원을 현금으로 지급하다.

구 분	차 변	대 변
분 개		
거래요소		

[핵심] 사업상 지출되는 교제비(거래처 식대, 선물비 등) 금액에 사용하는 표준계정과목은 "접대비"이다.

5) 업무용으로 소유한 건물의 종합부동산세 4,700원을 현금으로 지급하다.

구 분	차 변	대 변
분 개		
거래요소		

[핵심] 국가, 지방자치단체의 세금과 사업상 관련 단체의 회비로 지급하는 금액에 사용하는 표준계정과목은 "세금과공과"이다.

6) 상품 판매를 촉진하기 위해 TV 광고비로 8,200원을 현금으로 지급하다.

구 분	차 변	대 변
분 개		
거래요소		

[핵심] 상품 판매를 촉진하기 위해 TV, 신문매체 등에게 지급하는 금액에 사용하는 표준계정과목은 "광고선전비"이다.

7) 직원 정갑돌씨의 시내출장비로 2,600원을 현금으로 지급하다.

구 분	차 변	대 변
분 개		
거래요소		

[핵심] 버스요금, 택시요금, 시내출장비 등으로 지급하는 금액에 사용하는 표준계정과목은 "여비교통비"이다.

8) 사무실 인터넷 이용요금으로 7,400원을 현금으로 지급하다.

구 분	차 변	대 변
분 개		
거래요소		

[핵심] 전화, 우편 등의 이용으로 지급하는 금액에 사용하는 표준계정과목은 "통신비"이다.

9) 사무실 수도요금으로 2,800원을 현금으로 지급하다.

구 분	차 변	대 변
분 개		
거래요소		

[핵심] 수도, 전기, 가스 등의 사용으로 지급하는 금액에 사용하는 표준계정과목은 "수도광열비"이다.

10) 업무용 차량의 보험료로 2,300원을 현금으로 지급하다.

구 분	차 변	대 변
분 개		
거래요소		

[핵심] 각종 보험료로 지급하는 금액에 사용하는 표준계정과목은 "보험료"이다.

11) 기계장치의 고장수리비로 4,200원을 현금으로 지급하다.

구 분	차 변	대 변
분 개		
거래요소		

[핵심] 건물, 차량운반구, 기계자치 등의 수리비로 지급하는 금액에 사용하는 표준계정과목은 "수선비"이다.

12) 영업용 차량의 엔진오일 교체비용으로 2,700원을 현금으로 지급하다.

구 분	차 변	대 변
분 개		
거래요소		

[핵심] 영업용(업무용) 차량의 유류비로 지급하는 금액에 사용하는 표준계정과목은 "차량유지비"이다.

13) 회계장부 기장 대행 수수료로 7,700원을 현금으로 지급하다.

구 분	차 변	대 변
분 개		
거래요소		

[핵심] 용역을 제공받고 지급하는 수수료 금액에 사용하는 표준계정과목은 "수수료비용"이다.

14) 업무용 볼펜 3,100원을 구입하고 현금으로 지급하다.

구 분	차 변	대 변
분 개		
거래요소		

[핵심] 사무용장부, 볼펜, 복사지 등 문구용품을 구입하고 지급한 금액에 사용하는 표준계정과목은 "소모품비"이다.

15) 신문구독료 6,500원을 현금으로 지급하다.

구 분	차 변	대 변
분 개		
거래요소		

[핵심] 신문료, 잡지료, 회의비 등, 소액으로 지급하는 금액에 사용하는 표준계정과목은 "잡비"이다(단, 신문료, 잡지료는 그 금액이 크면 도서인쇄비로 별도 처리가능).

16) 극동상사로부터 빌린 차입금에 대한 이자 4,300원을 수표를 발행하여 지급하다.

구 분	차 변	대 변
분 개		
거래요소		

[핵심] 타인 자본(차입금)을 이용한 대가로 지급하는 금액에 사용하는 표준계정과목은 "이자비용"이다.

17) 이재민 구호 성금 6,000원을 현금으로 방송국에 기탁하다.

구 분	차 변	대 변
분 개		
거래요소		

[핵심] 아무런 대가 없이 기증하는 금전 및 물품의 금액에 사용하는 표준계정과목은 "기부금"이다.

18) 화재로 책상 2,300원이 소실되다.

구 분	차 변	대 변
분 개		
거래요소		

[핵심] 천재지변이나 도난 등으로 입은 손실 금액에 사용하는 표준계정과목은 "재해손실"이다.

<비용발생-부채증가>

19) 직원 회식비에 6,000원을 사용하고 대금은 법인신용카드로 결제하다.

구 분	차 변	대 변
분 개		
거래요소		

[핵심] 법인신용카드 결제시 사용하는 표준계정과목은 "미지급금"이다.

무작정 따라하기 4-2

• 다음 거래를 분개하시오.

1) 상품 판매를 촉진하기 위해 TV 광고비로 7,800원을 현금으로 지급하다.

구 분	차 변	대 변
분 개		

[핵심] 상품 판매를 촉진하기 위해 TV, 신문매체 등에게 지급하는 금액에 사용하는 표준계정과목은 "광고선전비"이다.

2) 직원 백두산 씨의 시내출장비로 2,100원을 현금으로 지급하다.

구 분	차 변	대 변
분 개		

[핵심] 버스요금, 택시요금, 시내출장비 등으로 지급하는 금액에 사용하는 표준계정과목은 "여비교통비"이다.

3) 판매안내장 발송 우편요금으로 6,900원을 현금으로 지급하다.

구 분	차 변	대 변
분 개		

[핵심] 전화, 우편 등의 이용으로 지급하는 금액에 사용하는 표준계정과목은 "통신비"이다.

4) 사무실 가스요금으로 2,300원을 현금으로 지급하다.

구 분	차 변	대 변
분 개		

[핵심] 수도, 전기, 가스 등의 사용으로 지급하는 금액에 사용하는 표준계정과목은 "수도광열비"이다.

5) 업무용 건물의 화재보험료로 1,800원을 현금으로 지급하다.

구 분	차 변	대 변
분 개		

[핵심] 각종 보험료로 지급하는 금액에 사용하는 표준계정과목은 "보험료"이다.

6) 직원 백두산씨에게 1개월간 월급 8,400원을 현금으로 지급하다.

구 분	차 변	대 변
분 개		

[핵심] 근로의 대가로 지급하는 봉급, 상여금 등의 표준계정과목은 "급여"이다.

7) 직원 백두산씨의 자녀 학자금으로 2,500원을 현금으로 지급하다.

구 분	차 변	대 변
분 개		

[핵심] 급여 이외의 임 · 직원의 후생과 복지를 위해 지급하는 식당운영비, 체육비, 경조사비 등에 사용하는 표준계정과목은 "복리후생비"이다.

8) 1달분 건물 사용료 2,400원을 당좌수표를 발행해 지급하다.

구 분	차 변	대 변
분 개		

[핵심] 부동산 등을 빌려 쓰고 그 대가로 지급하는 금액에 사용하는 표준계정과목은 "임차료"이다.

9) 거래처 아주상사의 직원과의 점심 식사비 6,500원을 현금으로 지급하다.

구 분	차 변	대 변
분 개		

[핵심] 사업상 지출되는 교제비(거래처 식대, 선물비 등) 금액에 사용하는 표준계정과목은 "접대비"이다.

10) 사업상 가입된 상공회의소 회비 4,200원을 현금으로 지급하다.

구 분	차 변	대 변
분 개		

[핵심] 국가, 지방자치단체의 세금과 사업상 관련 단체의 회비로 지급하는 금액에 사용하는 표준계정과목은 "세금과공과"이다.

11) 동국상사로부터 빌린 차입금에 대한 이자 3,800원을 수표를 발행하여 지급하다.

구 분	차 변	대 변
분 개		

[핵심] 타인 자본(차입금)을 이용한 대가로 지급하는 금액에 사용하는 표준계정과목은 "이자비용"이다.

12) 한국대학에 장학금으로 5,000원의 현금을 기탁하다.

구 분	차 변	대 변
분 개		

[핵심] 아무런 대가 없이 기증하는 금전 및 물품의 금액에 사용하는 표준계정과목은 "기부금"이다.

13) 화재로 컴퓨터 1,800원이 소실되다.

구 분	차 변	대 변
분 개		

[핵심] 천재지변이나 도난 등으로 입은 손실 금액에 사용하는 표준계정과목은 "재해손실"이다.

14) 직원 회식비에 5,500원을 사용하고 대금은 법인신용카드로 결제하다.

구 분	차 변	대 변
분 개		

[핵심] 법인신용카드 결제시 사용하는 표준계정과목은 "미지급금"이다.

15) 기계장치의 고장수리비로 3,700원을 현금으로 지급하다.

구 분	차 변	대 변
분 개		

[핵심] 건물, 차량운반구, 기계장치 등의 수리비로 지급하는 금액에 사용하는 표준계정과목은 "수선비"이다.

16) 영업용 차량의 유류비용으로 2,300원을 현금으로 지급하다.

구 분	차 변	대 변
분 개		

[핵심] 영업용(업무용) 차량의 유류비로 지급하는 금액에 사용하는 표준계정과목은 "차량유지비"이다.

17) 상품 구매 대행 수수료 7,200원을 현금으로 지급하다.

구 분	차 변	대 변
분 개		

[핵심] 용역을 제공받고 지급하는 수수료 금액에 사용하는 표준계정과목은 "수수료비용"이다.

18) 업무용으로 사용할 노트 2,600원을 구입하고 현금으로 지급하다.

구 분	차 변	대 변
분 개		

[핵심] 사무용장부, 볼펜, 복사지 등 문구용품을 구입하고 지급한 금액에 사용하는 표준계정과목은 "소모품비"이다.

19) 업무 참고용 도서 구입비용으로 5,100원을 현금으로 지급하다.

구 분	차 변	대 변
분 개		

[핵심] 신문료, 잡지료, 회의비 등, 소액으로 지급하는 금액에 사용하는 표준계정과목은 "잡비"이다(단, 신문료, 잡지료는 그 금액이 크면 도서인쇄비로 별도 처리가능).

무작정 따라하기 4-3

• 다음 거래를 분개하시오.

1) 상품 판매를 촉진하기 위해 인터넷 광고비로 6,900원을 현금으로 지급하다.

구 분	차 변	대 변
분 개		

2) 직원 소요산 씨의 시내출장비로 1,200원을 현금으로 지급하다.

구 분	차 변	대 변
분 개		

3) 사무실 인터넷 요금으로 6,000원을 현금으로 지급하다.

구 분	차 변	대 변
분 개		

4) 사무실 전기요금으로 1,400원을 현금으로 지급하다.

구 분	차 변	대 변
분 개		

5) 업무용 건물의 화재보험료로 1,900원을 현금으로 지급하다.

구 분	차 변	대 변
분 개		

6) 직원 소요산 씨에게 1개월간 월급 7,100원을 현금으로 지급하다.

구 분	차 변	대 변
분 개		

7) 직원 소요산 씨의 자녀 축의금으로 1,000원을 현금으로 지급하다.

구 분	차 변	대 변
분 개		

8) 1달분 사무실 사용료 1,500원을 당좌수표를 발행해 지급하다.

구 분	차 변	대 변
분 개		

9) 거래처 주왕상사의 직원과의 점심식사비 6,000원을 현금으로 지급하다.

구 분	차 변	대 변
분 개		

10) 업무용 건물 재산세 3,700원을 현금으로 지급하다.

구 분	차 변	대 변
분 개		

11) 국보상사로부터 빌린 차입금에 대한 이자 2,300원을 수표를 발행하여 지급하다.

구 분	차 변	대 변
분 개		

12) 국일대학에 장학금으로 4,000원의 현금을 기탁하다.

구 분	차 변	대 변
분 개		

13) 화재로 책상 9,800원이 소실되다.

구 분	차 변	대 변
분 개		

14) 거래처와의 식사비로 6,600원을 사용하고 대금은 법인신용카드로 결제하다.

구 분	차 변	대 변
분 개		

15) 건물의 냉방장치 수리비 2,800원을 현금으로 지급하다.

구 분	차 변	대 변
분 개		

16) 영업용 화물자동차의 유류비용 1,400원을 현금으로 지급하다.

구 분	차 변	대 변
분 개		

17) 상품 판매 대행 수수료 6,300원을 현금으로 지급하다.

구 분	차 변	대 변
분 개		

18) 업무용으로 사용할 복사지 1,700원을 구입하고 현금으로 지급하다.

구 분	차 변	대 변
분 개		

19) 업무 참고용 잡지 구입비용으로 4,200원을 현금으로 지급하다.

구 분	차 변	대 변
분 개		

종합문제

• 다음 거래를 분개하시오.

1) 현금 9,400원을 출자하여 상품매매업을 시작하다.

구 분	차 변	대 변
분 개		

2) 상품 6,300원을 구입하고 대금은 외상으로 하다.

구 분	차 변	대 변
분 개		

3) 일국대학에 장학금으로 4,200원의 현금을 기탁하다.

구 분	차 변	대 변
분 개		

4) 조흥은행으로부터 현금 7,400원을 8개월 후에 갚기로 하고 차입하다.

구 분	차 변	대 변
분 개		

5) 현금 3,800원을 만기가 10개월인 정기예금에 예탁(예금)하다.

구 분	차 변	대 변
분 개		

6) 화물차를 7,300원에 구입하고 대금은 나중에 주기로 하다.

구 분	차 변	대 변
분 개		

7) 상품 5,800원을 판매하고 대금은 거래처 발행 어음으로 받다.

구 분	차 변	대 변
분 개		

8) 상품 7,600원을 주문하고 계약금으로 1,900원을 현금으로 지급하다.

구 분	차 변	대 변
분 개		

9) 사채 5,300원을 만기까지 보유할 목적으로 현금취득하다.

구 분	차 변	대 변
분 개		

10) 화재로 건물 8,800원이 소실되다.

구 분	차 변	대 변
분 개		

11) 오래된 업무용 책상 6,900원을 매각하고 대금은 외상으로 하다.

구 분	차 변	대 변
분 개		

12) 상품 4,200원을 판매하고 대금은 외상으로 하다.

구 분	차 변	대 변
분 개		

13) 오래된 화물차 4,800원을 매각하고 대금은 거래처 발행어음으로 받다.

구 분	차 변	대 변
분 개		

14) 상품 8,600원을 구입하고 대금으로 약속어음을 발행하여 주다.

구 분	차 변	대 변
분 개		

15) 사무실 복사기 6,900원을 구입하고 대금은 외상으로 하다.

구 분	차 변	대 변
분 개		

16) 제품 제조에 사용하기 위하여 기계를 7,300원에 구입하고 대금은 나중에 주기로 하다.

구 분	차 변	대 변
분 개		

17) 거래처에 상품을 공급하기로 약정(약속)하고 계약금으로 3,700원을 현금으로 받다.

구 분	차 변	대 변
분 개		

18) 의장 특허취득을 위한 비용으로 3,100원을 현금으로 지급하다.

구 분	차 변	대 변
분 개		

19) 단기투자 목적으로 시장성 있는 주식 7,700원을 현금으로 취득(매입)하다.

구 분	차 변	대 변
분 개		

20) 상품 3,500원을 구입하고 대금은 현금으로 지급하다.

구 분	차 변	대 변
분 개		

21) 기업주가 책상 4,200원을 추가로 출자하다.

구 분	차 변	대 변
분 개		

22) 현금 4,700원을 보증금으로 지급하고 사무실을 임차하다.

구 분	차 변	대 변
분 개		

23) 외상매입금 3,800원을 상환하기 위하여 약속어음을 발행해 지급하다.

구 분	차 변	대 변
분 개		

24) 안양상회에 현금 4,100원을 3개월간 대여하고 차용증서를 받다.

구 분	차 변	대 변
분 개		

25) 사무실 복사기 7,200원을 구입하고 대금은 약속어음을 발행해 주다.

구 분	차 변	대 변
분 개		

26) 장기투자목적으로 주식 2,800원을 현금을 주고 취득하다.

구 분	차 변	대 변
분 개		

27) 기계를 3개월간 빌려주고 그 대가로 현금 2,700원을 받다.

구 분	차 변	대 변
분 개		

28) 백양산 씨에게 빌려준 대여금으로부터 발생한 이자 2,700원을 현금으로 받다.

구 분	차 변	대 변
분 개		

29) 단기차입금 7,400원을 상환하기 위하여 약속어음을 발행해 지급하다.

구 분	차 변	대 변
분 개		

30) 당점 보통예금에 원인을 모르는 6,700원이 입금되다.

구 분	차 변	대 변
분 개		

31) 결손금 누적으로 이를 보전하기 위하여 최대주주로부터 8,100원을 현금으로 받다.

구 분	차 변	대 변
분 개		

32) 업무용 건축물을 3,600원에 구입하고 대금은 현금으로 지급하다.

구 분	차 변	대 변
분 개		

33) 채용이 확정된 신입사원 한강수 씨로부터 신원보증보험료로 현금 2,900원을 받아 잠시 보관하기로 하다.

구 분	차 변	대 변
분 개		

34) 제품 수리를 해주고 수수료로 현금 3,200원을 받다.

구 분	차 변	대 변
분 개		

35) 단기투자목적으로 투자했던 백두상사 주식으로부터 배당금 2,800원을 현금으로 받다.

구 분	차 변	대 변
분 개		

36) 사채권자의 요구로 (전환)사채 8,600원을 출자전환하다.

구 분	차 변	대 변
분 개		

37) 거래처 도봉상사의 직원과의 점심식사비 6,400원을 현금으로 지급하다.

구 분	차 변	대 변
분 개		

38) 미지급금 7,900원을 상환하기 위하여 약속어음을 발행해 지급하다.

구 분	차 변	대 변
분 개		

39) 종업원으로부터 받아두었던 신원보증보험료 3,900원을 관계기관(보험사)에 현금으로 납부하다.

구 분	차 변	대 변
분 개		

40) 업무용으로 사용할 테이프 2,700원을 구입하고 현금으로 지급하다.

구 분	차 변	대 변
분 개		

41) 이사회 결의로 기발생된 자본잉여금 4,700원을 자본(금)에 전입하다.

구 분	차 변	대 변
분 개		

42) 상품 구입을 위해 발행한 약속어음 7,100원이 만기가 되어 당좌수표를 발행하여 상환하다(갚다).

구 분	차 변	대 변
분 개		

43) 독도상회의 외상매입금 중 5,200원을 현금으로 상환(지급)하다.

구 분	차 변	대 변
분 개		

44) 상품 판매 대행 수수료 7,300원을 현금으로 지급하다.

구 분	차 변	대 변
분 개		

45) 자본금 3,200원을 감자하여 장기차입금으로 전환하다.

구 분	차 변	대 변
분 개		

46) 건물의 바닥 수리비 3,800원을 현금으로 지급하다.

구 분	차 변	대 변
분 개		

47) 영업용 화물자동차의 유류비용 2,400원을 현금으로 지급하다.

구 분	차 변	대 변
분 개		

48) 화성상사로부터 받은 계약금 8,600원만큼 우선 상품을 인도(판매)하다.

구 분	차 변	대 변
분 개		

49) 기업주가 개인용도로 현금 7,800원을 인출하다.

구 분	차 변	대 변
분 개		

50) 황해상사로부터 11개월간 차입했던(빌려왔던) 차입금 6,800원을 현금으로 상환하다.

구 분	차 변	대 변
분 개		

51) 상품 판매를 촉진하기 위해 신문 광고비로 7,900원을 현금으로 지급하다.

구 분	차 변	대 변
분 개		

52) 직원 남산 씨에게 1개월간 월급 8,100원을 현금으로 지급하다.

구 분	차 변	대 변
분 개		

53) 업무용 건물 재산세 4,700원을 현금으로 지급하다.

구 분	차 변	대 변
분 개		

54) 보국상사로부터 빌린 차입금에 대한 이자 3,400원을 수표를 발행하여 지급하다.

구 분	차 변	대 변
분 개		

55) 사무실 전화요금으로 6,100원을 현금으로 지급하다.

구 분	차 변	대 변
분 개		

56) 사무실 수도요금으로 1,600원을 현금으로 지급하다.

구 분	차 변	대 변
분 개		

57) 업무용 건물의 화재보험료로 2,900원을 현금으로 지급하다.

구 분	차 변	대 변
분 개		

58) 1달분 사무실 사용료 2,500원을 당좌수표를 발행해 지급하다.

구 분	차 변	대 변
분 개		

59) 직원 조령산 씨의 자녀 축의금으로 2,000원을 현금으로 지급하다.

구 분	차 변	대 변
분 개		

60) 직원 도봉산 씨의 시내출장비로 2,200원을 현금으로 지급하다.

구 분	차 변	대 변
분 개		

61) 거래처와의 식사비로 9,600원을 사용하고 대금은 법인신용카드로 결제하다.

구 분	차 변	대 변
분 개		

62) 기계 구입을 위해 발생한 외상대금 9,700원을 당좌수표를 발행하여 상환하다.

구 분	차 변	대 변
분 개		

63) 업무 참고용 잡지 구입비용으로 5,200원을 현금으로 지급하다.

구 분	차 변	대 변
분 개		

64) 결손 보전을 위하여 회사 대표의 친인척인 채권자가 단기차입금 4,200원의 상환을 면제하여 주다.

구 분	차 변	대 변
분 개		

65) 신제품의 연구를 위한 비경상적 비용으로 4,400원을 현금으로 지급하다.

구 분	차 변	대 변
분 개		

66) 업무용 컴퓨터를 2,300원에 구입하고, 대금은 현금으로 지급하다.

구 분	차 변	대 변
분 개		

04

계정과목별 분개

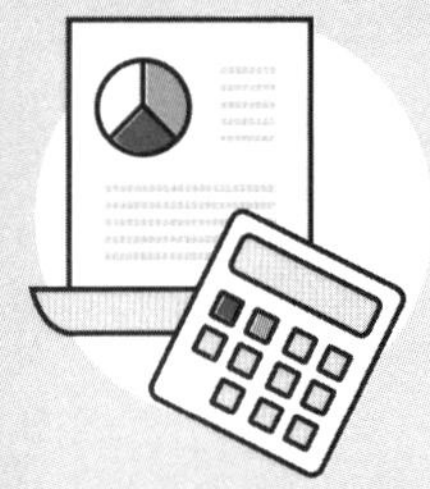

04 계정과목별 분개

1. 현금및현금성자산

(1) 현 금

현금거래는 통화 및 통화대용증권을 받으면 차변에 기록하고, 통화 및 통화대용증권을 지급하면 대변에 기록한다. 현금은 재무상태표에 표시할 때에는 예금, 현금성자산을 합산하여 현금및현금성자산으로 표시한다.

개념이 쉬워지는 **보충 설명**

현금및현금성자산 세부내용

계정과목	세부계정과목	구 성 내 용	
현금 및 현금성 자산	① 현 금	통 화	한국은행이 발행한 주화, 지폐
		통화대용증권	타인발행수표, 자기앞수표, 가계수표, 송금수표, 우편환증서, 공 · 사채 만기이자표, 배당금수령증, 일람출금어음, 국고지급통지서, 대체저금환급통지서 등
	② 예 금	당좌예금, 보통예금 등 요구불예금	
	③ 현금성자산	① 큰 거래비용이 없고 ② 현금으로 전환이 용이하고 ③ 이자율 변동으로 인한 가치변동의 위험이 중요하지 않은 ④ 유가증권 및 금융상품으로서 취득당시 만기가 3개월 이내에 도래하는 것을 말한다.	

① 상품을 원가로 매각하고 타인발행수표 2,000원을 받다.

- 분 개 : (차변) 현 금 2,000원 (대변) 상 품 2,000원

[핵심] 통화대용증권은 받으면 현금이 증가한다.

② 상품 1,500원을 매입하고 자기앞수표로 지급하다.

- 분 개 : (차변) 상 품 1,500원 (대변) 현 금 1,500원

[핵심] 통화대용증권을 지급하면 현금이 감소한다.

(2) 현금과부족

실제 소유하고 있는 현금과 장부상의 현금과의 차이를 그 원인이 판명되기 전까지 처리하는 임시계정을 "현금과부족"계정이라 한다.

1) 현금의 실제 잔액이 장부보다 적은 경우

① 장부상 현금은 3,000원인데 실제 소유하고 있는 현금은 2,500원임이 발견되다.

- 분　　개 : (차변) 현금과부족　500원　(대변) 현 금　500원

[핵심] 실제 현금으로 장부를 수정하기 위해 현금을 감소시킨다.

② 위 '①'의 현금부족액 500원 중 300원은 보험료 지급이 누락된 것으로 판명되다.

- 분　　개 : (차변) 보험료　300원　(대변) 현금과부족　300원

[핵심] 임시계정과목은 판명(확인)된 계정과목으로 바꾸어 주어야 한다.

③ 위 '①'의 현금부족액 500원 중 200원은 결산일까지 원인이 불명이다.

- 분　　개 : (차변) 잡손실　200원　(대변) 현금과부족　200원

[핵심] 결산일까지 원인을 밝히지 못한 차변잔액 현금과부족은 "잡손실"로 처리한다.

2) 현금의 실제 잔액이 장부보다 많은 경우

① 장부상 현금은 3,000원인데 실제 소유하고 있는 현금은 3,400원임이 발견되다.

- 분　　개 : (차변) 현 금　400원　(대변) 현금과부족 400원
- 핵　　심 : 실제 현금으로 장부를 수정하기 위해 현금을 증가시킨다.

② 위 '①'의 현금과잉액 400원 중 300원은 수수료 수입이 누락된 것으로 판명되다.

- 분　　개 : (차변) 현금과부족　300원　(대변) 수수료수익　300원
- 핵　　심 : 임시계정과목은 판명(확인)된 계정과목으로 바꾸어 주어야 한다.

③ 위 '①'의 현금과잉액 400원 중 100원은 결산일까지 원인이 불명이다.

- 분　　개 : (차변) 현금과부족　100원　(대변) 잡이익　100원
- 핵　　심 : 결산일까지 원인을 밝히지 못한 대변잔액 현금과부족은 "잡이익"으로 처리한다.

(3) 당좌예금과 당좌차월

은행과 당좌거래를 맺고 현금을 당좌예금하면 당좌예금계정 차변에 기록하고, 당좌수표를 발행하여 당좌예금을 인출하면 당좌예금계정 대변에 기록한다. 한편 거래은행과 당좌차월 계약을 맺고 당좌예금 잔액을 초과해서 수표를 발행한 금액에 사용하는 계정과목이 당좌차월(재무상태표 표시 : 단기차입금) 계정이다.

• 다음 ①~④는 연속된 거래의 사례이다.

① 한빛은행과 당좌거래와 당좌차월 계약(차월한도 3,000원)을 맺고 현금 1,500원을 당좌예금하다.

- 분　　개 : (차변) 당좌예금 1,500원 (대변) 현 금 1,500원
- 핵　　심 : 계약에 대해서는 분개하지 않고 당좌예입에 대해서만 분개한다.

② 비품 700원을 구입하고 당좌수표를 발행하다.

- 분　　개 : (차변) 비 품 700원 (대변) 당좌예금 700원
- 핵　　심 : 당좌수표를 발행하면 당좌예금이 감소한다.

③ 상품 2,000원 매입하고 당좌수표를 발행하다. 단, 당좌예금 잔액은 800원이다.

- 분　　개 : (차변) 상 품 2,000원 (대변) 당좌예금 800원
  당좌차월(단기차입금) 1,200원
- 핵　　심 : 당좌수표 발행시 당좌예금 잔액이 있으면 당좌예금이 감소하지만, 당좌예금 잔액이 없으면 당좌차월 한도 내에서 은행으로부터 차입을 해야 한다.

④ 구리상사로부터 판매대행수수료 1,500원을 받아 즉시 당좌예입하다. 단, 당좌차월 잔액 1,200원이 있다.

- 분　　개 : (차변) 당좌차월 1,200원 (대변) 수수료수익 1,500원
  당좌예금 300원
- 핵　　심 : 당좌예금시 당좌차월이 있으면 당좌차월부터 갚고 나머지 금액이 당좌예금된다.

무작정 따라하기 5-1

1. 다음 거래를 분개하시오.

1) 상품을 원가로 매각하고 타인발행(당좌)수표 3,000원을 받다.

구 분	차 변	대 변
분 개		

[핵심] 통화대용증권은 받으면 현금이 증가한다.

2) 상품 2,700원을 매입하고 소지하고 있던 타인발행(당좌)수표로 지급하다.

구 분	차 변	대 변
분 개		

[핵심] 통화대용증권을 지급하면 현금이 감소한다.

2. 다음 연속된 거래를 분개하시오.

1) 장부상 현금은 4,000원인데 실제 소유하고 있는 현금은 3,100원임이 발견되다.

구 분	차 변	대 변
분 개		

[핵심] 실제 현금으로 장부를 수정하기 위해 현금을 감소시킨다.

2) 위 '1)'의 현금부족액 중 800원은 이자 지급이 누락된 것으로 판명되다.

구 분	차 변	대 변
분 개		

[핵심] 임시계정과목은 판명(확인)된 계정과목으로 바꾸어 주어야 한다.

3) 위 '1)'의 현금부족액 중 100원은 결산일까지 원인이 불명이다.

구 분	차 변	대 변
분 개		

[핵심] 결산일까지 원인을 밝히지 못한 차변잔액 현금과부족은 "잡손실"로 처리한다.

3. 다음 연속된 거래를 분개하시오.

1) 장부상 현금은 4,000원인데 실제 소유하고 있는 현금은 4,700원임이 발견되다.

구 분	차 변	대 변
분 개		

[핵심] 실제 현금으로 장부를 수정하기 위해 현금을 증가시킨다.

2) 위 '1)'의 현금과잉액 중 500원은 이자 수입이 누락된 것으로 판명되다.

구 분	차 변	대 변
분 개		

[핵심] 임시계정과목은 판명(확인)된 계정과목으로 바꾸어 주어야 한다.

3) 위 '1)'의 현금과잉액 중 200원은 결산일까지 원인이 불명이다.

구 분	차 변	대 변
분 개		

[핵심] 결산일까지 원인을 밝히지 못한 대변잔액 현금과부족은 "잡이익"으로 처리한다.

4. 다음 연속된 거래를 분개하시오.

1) 경기은행과 당좌거래와 당좌차월 계약(차월한도 5,000원)을 맺고 현금 2,300원을 당좌예금하다.

구 분	차 변	대 변
분 개		

[핵심] 계약에 대해서는 분개하지 않고 당좌예입에 대해서만 분개한다.

2) 컴퓨터 1,800원을 구입하고 당좌수표를 발행하다.

구 분	차 변	대 변
분 개		

[핵심] 당좌수표를 발행하면 당좌예금이 감소한다.

3) 상품 2,600원 매입하고 당좌수표를 발행하다.

구 분	차 변	대 변
분 개		

[핵심] 당좌수표 발행시 당좌예금 잔액이 있으면 당좌예금이 감소하지만, 당좌예금 잔액이 없으면 당좌차월 한도 내에서 은행으로부터 차입을 해야 한다.

4) 구리상사로부터 판매대행수수료 3,500원을 받아 즉시 당좌예입하다.

구 분	차 변	대 변
분 개		

[핵심] 당좌예금시 당좌차월이 있으면 당좌차월부터 갚고 나머지 금액이 당좌예금된다.

무작정 따라하기 5 - 2

1. 다음 거래를 분개하시오.

1) 상품을 원가로 매각하고 타인발행(당좌)수표 3,700원을 받다.

구 분	차 변	대 변
분 개		

2) 상품 3,600원을 매입하고 소지하고 있던 타인발행(당좌)수표로 지급하다.

구 분	차 변	대 변
분 개		

2. 다음 연속된 거래를 분개하시오.

1) 장부상 현금은 5,000원인데 실제 소유하고 있는 현금은 4,600원임이 발견되다.

구 분	차 변	대 변
분 개		

2) 위 '1)'의 현금부족액 중 300원은 수수료 지급이 누락된 것으로 판명되다.

구 분	차 변	대 변
분 개		

3) 위 '1)'의 현금부족액 중 100원은 결산일까지 원인이 불명이다.

구 분	차 변	대 변
분 개		

3. 다음 연속된 거래를 분개하시오.

1) 장부상 현금은 5,300원인데 실제 소유하고 있는 현금은 6,000원임이 발견되다.

구 분	차 변	대 변
분 개		

2) 위 '1)'의 현금과잉액 중 400원은 임대료 수입이 누락된 것으로 판명되다.

구 분	차 변	대 변
분 개		

3) 위 '1)'의 현금과잉액 중 300원은 결산일까지 원인이 불명이다.

구 분	차 변	대 변
분 개		

4. 다음 연속된 거래를 분개하시오.

1) 경기은행과 당좌거래와 당좌차월 계약(차월한도 5,000원)을 맺고 현금 3,200원을 당좌예금하다.

구 분	차 변	대 변
분 개		

2) 복사기 2,600원을 구입하고 당좌수표를 발행하다.

구 분	차 변	대 변
분 개		

3) 상품 3,700원 매입하고 당좌수표를 발행하다.

구 분	차 변	대 변
분 개		

4) 구리상사로부터 판매대행수수료 4,000원을 받아 즉시 당좌예입하다.

구 분	차 변	대 변
분 개		

2. 단기금융상품과 단기매매증권

(1) 단기금융상품

금융기관이 취급하는 정기예금, 정기적금, 기타 정형화된 금융상품(CD, CMA, MMF, 환매채, 발행어음 등)으로 결산일로부터 1년 이내에 만기가 도래하는 것을 처리하는 자산계정이다.

① 현금 700원을 만기가 6개월인 정기예금에 예탁하다.

- 분　　개 : (차변) 단기금융상품　700원　　(대변) 현 금　700원
- 핵　　심 : 결산일로부터 1년 이내에 만기가 도래하는 금융상품에 대해 사용하는 표준계정과목은 "단기금융상품"이다.

② 위 '①'의 정기예금이 만기가 되어 원금 700원과 이자 30원을 현금으로 받다.

- 분　　개 : (차변) 현 금　730원　　(대변) 단기금융상품　700원
  　　　　　　　　　　　　　　　　　　　이자수익　30원
- 핵　　심 : 받는 이자에 대해 사용하는 표준계정과목은 "이자수익"이다.

(2) 단기매매증권

단기매매증권은 단기투자 목적의 시장성 있는 채권이나 주식 등에 사용하는 자산계정이다.

1) 단기매매증권의 취득과 처분

① 시장성이 있는 주식 1,300원을 매입수수료 80원과 함께 현금으로 지급하고 취득하다.

- 분　　개 : (차변) 단기매매증권　1,300원　　(대변) 현 금　1,380원
  　　　　　　　수수료비용　80원
- 핵　　심 : 단기매매증권과 손익인식금융자산으로 지정한 금융자산의 매입시 수수료는 다른 자산처럼 취득원가에 포함하지 않고 수수료비용으로 별도 처리한다.

② 위 '①'의 취득한 주식을 2,000원의 현금을 받고 모두 처분하다.

- 분　　개 : (차변) 현 금　2,000원　　(대변) 단기매매증권　1,300원
  　　　　　　　　　　　　　　　　　　　단기매매증권처분이익　700원
- 핵　　심 : 장부가보다 처분가가 크면 단기매매증권처분이익이 발생한다.

③ 위 '①'의 취득한 주식을 1,000원의 현금을 받고 모두 처분하다.

- 분　　개 : (차변) 현　금　　1,000원　　(대변) 단기매매증권　　1,300원
　　　　　단기매매증권처분손실　300원
- 핵　　심 : 장부가보다 처분가가 적으면 단기매매증권처분손실이 발생한다.

2) 단기매매증권의 기말평가

① 장부가 5,000원의 시장성 있는 주식의 결산일 공정가치는 6,000원이다.

- 분　　개 : (차변) 단기매매증권　　1,000원　　(대변) 단기매매증권평가이익　1,000원
- 핵　　심 : 장부가를 공정가치로 바꾸어 주어야 한다. 이때 공정가치가 장부가보다 크면 단기매매증권평가이익이 발생한다.

② 장부가 5,000원의 시장성 있는 주식의 결산일 공정가치는 4,200원이다.

- 분　　개 : (차변) 단기매매증권평가손실　800원　　(대변) 단기매매증권　　800원
- 핵　　심 : 장부가를 공정가치로 바꾸어 주어야 한다. 이때 공정가치가 장부가보다 적으면 단기매매증권평가손실이 발생한다.

3) 유가증권 기간보유에 대한 대가

① 소유 채권에 대한 이자 700원을 현금으로 받다.

- 분　　개 : (차변) 현　금　　700원　　(대변) 이자수익　　700원
- 핵　　심 : 채권에 대해서는 이자수익이 발생한다.

② 소유 주식에 대한 배당 900원을 현금으로 받다.

- 분　　개 : (차변) 현　금　　900원　　(대변) 배당금수익　　900원
- 핵　　심 : 주식에 대해서는 배당금수익이 발생한다.

무작정 따라하기 6-1

1. 다음 연속된 거래를 분개하시오.

1) 현금 1,200원을 만기가 9개월인 양도성정기예금증서에 투자하다.

구 분	차 변	대 변
분 개		

[핵심] 결산일로부터 1년 이내에 만기가 도래하는 금융상품에 대해 사용하는 표준계정과목은 "단기금융상품"이다.

2) 위 '1)'의 양도성정기예금이 만기가 되어 원금 1,200원과 이자 150원을 현금으로 받다.

구 분	차 변	대 변
분 개		

[핵심] 받는 이자에 대해 사용하는 표준계정과목은 "이자수익"이다.

2. 다음 거래를 분개하시오.

1) 시장성이 있는 주식 2,400원을 매입수수료 160원과 함께 현금으로 지급하고 취득하다.

구 분	차 변	대 변
분 개		

[핵심] 단기매매증권과 손익인식금융자산으로 지정한 금융자산의 매입시 수수료는 다른 자산처럼 취득원가에 포함하지 않고 수수료비용으로 별도 처리한다.

2) 위 '1)'의 취득한 주식을 3,000원의 현금을 받고 모두 처분하다.

구 분	차 변	대 변
분 개		

[핵심] 장부가보다 처분가가 크면 단기매매증권처분이익이 발생한다.

3) 위 '1)'의 취득한 주식을 2,000원의 현금을 받고 모두 처분하다.

구 분	차 변	대 변
분 개		

[핵심] 장부가보다 처분가가 적으면 단기매매증권처분손실이 발생한다.

3. 다음 거래를 분개하시오.

1) 장부가 6,000원의 시장성 있는 주식의 결산일 공정가치는 8,000원이다.

구 분	차 변	대 변
분 개		

[핵심] 장부가를 공정가치로 바꾸어 주어야 한다. 이때 공정가치가 장부가보다 크면 단기매매증권평가이익이 발생한다.

2) 장부가 6,500원의 시장성 있는 주식의 결산일 공정가치는 5,000원이다.

구 분	차 변	대 변
분 개		

[핵심] 장부가를 공정가치로 바꾸어 주어야 한다. 이때 공정가치가 장부가보다 적으면 단기매매증권평가손실이 발생한다.

3) 소유 채권에 대한 이자 1,300원을 현금으로 받다.

구 분	차 변	대 변
분 개		

[핵심] 채권에 대해서는 이자수익이 발생한다.

4) 소유 주식에 대한 배당 1,700원을 현금으로 받다.

구 분	차 변	대 변
분 개		

[핵심] 주식에 대해서는 배당금수익이 발생한다.

무작정 따라하기 6-2

1. 다음 연속된 거래를 분개하시오.

1) 현금 1,700원을 만기가 6개월인 환매채에 투자하다.

구 분	차 변	대 변
분 개		

2) 위 '1)'의 환매채가 만기가 되어 원금 1,700원과 이자 200원을 현금으로 받다.

구 분	차 변	대 변
분 개		

2. 다음 거래를 분개하시오.

1) 시장성이 있는 주식 3,600원을 매입수수료 200원과 함께 현금으로 지급하고 취득하다.

구 분	차 변	대 변
분 개		

2) 위 '1)'의 취득한 주식을 4,000원의 현금을 받고 모두 처분하다.

구 분	차 변	대 변
분 개		

3) 위 '1)'의 취득한 주식을 3,000원의 현금을 받고 모두 처분하다.

구 분	차 변	대 변
분 개		

3. 다음 거래를 분개하시오.

1) 장부가 7,500원의 시장성 있는 주식의 결산일 공정가치는 9,000원이다.

구 분	차 변	대 변
분 개		

2) 장부가 7,800원의 시장성 있는 주식의 결산일 공정가치는 6,000원이다.

구 분	차 변	대 변
분 개		

3) 소유 채권에 대한 이자 2,400원을 현금으로 받다.

구 분	차 변	대 변
분 개		

4) 소유 주식에 대한 배당 2,800원을 현금으로 받다.

구 분	차 변	대 변
분 개		

3. (이월)상품

(1) 분기법(단일상품계정으로 처리) ....

상품을 매출하는 경우, 상품의 매출원가를 상품계정 대변에 기록하고 매가(판매가격)와 원가와의 차액은 "상품매출이익" 또는 "상품매출손실"계정에 기록한다.

① 상품 1,200원을 외상으로 매입하고 운임 100원을 현금으로 지급하다.

- 분　　개 : (차변) 상 품　1,300원　(대변) 외상매입금　1,200원
  　　　　　　　　　　　　　　　　　　　　현 금　100원
- 핵　　심 : 분기법 사용시 상품 매입과 매출시 "상품"계정을 사용한다. 매입시 운임은 상품의 취득원가에 가산한다(주의 : 매출시 운임은 "운반비"라는 별도계정을 사용한다).

② 위 '①'의 상품 매입에 하자가 있어 300원을 에누리 받다.

- 분　　개 : (차변) 외상매입금　300원　(대변) 상 품　300원
- 핵　　심 : 매입에누리 · 매입할인 · 매입환출(반품)이 있으면 매입했던 본래의 분개를 해당 금액만큼 반대로 분개해 준다.

③ 원가(장부가) 1,000원의 상품을 1,500원에 외상으로 매출하다.

- 분　　개 : (차변) 외상매출금　1,500원　(대변) 상 품　1,000원
  　　　　　　　　　　　　　　　　　　　　상품매출이익　500원
- 핵　　심 : 원가보다 판매가가 크면 상품매출이익이 발생한다.

④ 위 '③'의 매출한 상품에 하자가 있어 150원을 반품받는다.

- 분　　개 : (차변) 상 품　100원　(대변) 외상매출금　150원
  　　　　　　　　　　　　　　　　　　　　상품매출이익　50원
- 핵　　심 : 매출에누리 · 매출할인 · 매출환입(반품)이 있으면 매출했던 본래의 분개를 해당 금액만큼 반대로 분개해 준다. 이때 매출환입은 상품과 상품매출이익을 당초 매출에서 반품비율만큼 동시에 감소시킨다(주의 : 매출에누리와 매출할인은 상품매출이익만 감소시킨다).

(2) 3분법(분할상품계정으로 처리) ....

상품계정을 여러 개의 계정으로 나누어 회계처리하는 것을 상품계정의 분할이라 한다. 기본적인 방법인 3분법은 상품계정을 이월상품계정, 매입계정, 매출계정으로 분할하여 회계처리하는 방법이다.

① 상품 1,200원을 외상으로 매입하고 운임 100원을 현금으로 지급하다.

- 분　　개 : (차변) 매 입　1,300원　(대변) 외상매입금　1,200원
  　　　　　　　　　　　　　　　　　　　　현 금　100원
- 핵　　심 : 3분법 사용시 상품 매입시는 "매입"계정을 사용하고 매출시에는 "매출"계정을 사용한다. 매입시 운임은 매입원가에 가산한다(주의 : 매춘시 운임은 "운반비"라는 별도계정을 사용한다).

② 위 '①'의 상품 매입에 하자가 있어 300원을 반품하다.

- 분　　개 : (차변) 외상매입금　300원　(대변) 매 입　300원
- 핵　　심 : 매입에누리 · 매입할인 · 매입환출(반품)이 있으면 매입했던 본래의 분개를 해당 금액만큼 반대로 분개해 준다.

③ 원가(장부가) 1,000원의 상품을 1,500원에 외상으로 매출하다.

- 분　　개 : (차변) 외상매출금　　1,500원　　　　(대변) 매 출　　　　1,500원
- 핵　　심 : 3분법 분개시 원가와 판매가의 차이에 대해서는 고려하지 않는다. 상품매출이익에 해당하는 매출총이익은 기말에 정리 · 계산된다.

④ 위 '③'의 매출한 상품에 하자가 있어 150원을 반품받는다.

- 분　　개 : (차변) 매 출　　　　150원　　　　(대변) 외상매출금　　150원
- 핵　　심 : 매출에누리 · 매출할인 · 매출환입(반품)이 있으면 매출했던 본래의 분개를 해당 금액만큼 반대로 분개해 준다.

무작정 따라하기 7 - 1

1. 다음 연속된 거래를 〈분기법〉으로 분개하시오.

1) 상품 2,000원을 외상으로 매입하고 운임 400원을 현금으로 지급하다.

구 분	차 변	대 변
분 개		

[핵심] 분기법 사용시 상품 매입과 매출시 "상품"계정을 사용한다. 매입시 운임은 상품의 취득원가에 가산한다(주의 : 매출시 운임은 "운반비"라는 별도계정을 사용한다).

2) 위 '1)'의 상품 매입에 하자가 있어 400원을 에누리 받다.

구 분	차 변	대 변
분 개		

[핵심] 매입에누리 · 매입할인 · 매입환출(반품)이 있으면 매입했던 본래의 분개를 해당 금액만큼 반대로 분개해 준다.

3) 원가(장부가) 2,000원의 상품을 3,500원에 외상으로 매출하다.

구 분	차 변	대 변
분 개		

[핵심] 원가보다 판매가가 크면 상품매출이익이 발생한다.

4) 위 '3)'의 매출한 상품에 하자가 있어 350원을 반품받는다.

구 분	차 변	대 변
분 개		

[핵심] 매출에누리 · 매출할인 · 매출환입(반품)이 있으면 매출했던 본래의 분개를 해당 금액만큼 반대로 분개해 준다. 이때 매출환입은 상품과 상품매출이익을 당초 매출에서 반품비율만큼 동시에 감소시킨다(주의 : 매출에누리와 매출할인은 상품매출이익만 감소시킨다).

2. 다음 연속된 거래를 〈3분법〉으로 분개하시오.

1) 상품 2,000원을 외상으로 매입하고 운임 400원을 현금으로 지급하다.

구 분	차 변	대 변
분 개		

[핵심] 3분법 사용시 상품 매입시는 "매입"계정을 사용하고 매출시에는 "매출"계정을 사용한다. 매입시 운임은 매입원가에 가산한다(주의 : 매출시 운임은 "운반비"라는 별도계정을 사용한다).

2) 위 '1)'의 상품 매입에 하자가 있어 400원을 에누리 받다.

구 분	차 변	대 변
분 개		

[핵심] 매입에누리 · 매입할인 · 매입환출(반품)이 있으면 매입했던 본래의 분개를 해당 금액만큼 반대로 분개해 준다.

3) 원가(장부가) 2,000원의 상품을 3,500원에 외상으로 매출하다.

구 분	차 변	대 변
분 개		

[핵심] 3분법 분개시 원가와 판매가의 차이에 대해서는 고려하지 않는다. 상품매출이익에 해당하는 매출총이익은 기말에 정리 · 계산된다.

4) 위 '3)'의 매출한 상품에 하자가 있어 350원을 반품받는다.

구 분	차 변	대 변
분 개		

[핵심] 매출에누리 · 매출할인 · 매출환입(반품)이 있으면 매출했던 본래의 분개를 해당 금액만큼 반대로 분개해 준다.

무작정 따라하기 7-2

1. 다음 연속된 거래를 〈분기법〉으로 분개하시오.

1) 상품 4,000원을 외상으로 매입하고 운임 500원을 현금으로 지급하다.

구 분	차 변	대 변
분 개		

2) 위 '1)'의 상품 매입에 하자가 있어 500원을 에누리 받다.

구 분	차 변	대 변
분 개		

3) 원가(장부가) 4,000원의 상품을 4,800원에 외상으로 매출하다.

구 분	차 변	대 변
분 개		

4) 위 '3)'의 매출한 상품에 하자가 있어 480원을 반품받는다.

구 분	차 변	대 변
분 개		

2. 다음 연속된 거래를 〈3분법〉으로 분개하시오.

1) 상품 4,000원을 외상으로 매입하고 운임 500원을 현금으로 지급하다.

구 분	차 변	대 변
분 개		

2) 위 '1)'의 상품 매입에 하자가 있어 400원을 에누리 받다.

구 분	차 변	대 변
분 개		

3) 원가(장부가) 4,000원의 상품을 4,800원에 외상으로 매출하다.

구 분	차 변	대 변
분 개		

4) 위 '3)'의 매출한 상품에 하자가 있어 480원을 반품받는다.

구 분	차 변	대 변
분 개		

4. 매출채권과 매입채무

(1) 외상매출금과 외상매입금

재고자산을 외상으로 매입하면 "외상매입금" 채무(부채)가 발생한다. 반면, 재고자산을 외상으로 매출하면 "외상매출금"이라는 채권(자산)이 발생한다.

① 강서상사로부터 상품 1,000원을 외상으로 매입하다(상품은 3분법으로 회계처리).

- 분 개 : (차변) 매 입 1,000원 (대변) 외상매입금 1,000원
- 핵 심 : 재고자산을 외상으로 매입하면 "외상매입금"이라는 채무(부채)가 발생한다.

② 강북상사에게 상품 1,500원을 외상으로 매출하다(상품은 3분법으로 회계처리).

- 분 개 : (차변) 외상매출금 1,500원 (대변) 매 출 1,500원
- 핵 심 : 재고자산을 외상으로 매출하면 "외상매출금"이라는 채권(자산)이 발생한다.

(2) 받을어음

약속어음과 환어음을 수취하(받으)면 "받을어음"이 발생한다. 받을어음은 만기일에 대금을 회수하거나 배서양도, 할인하였을 경우 소멸한다.

① 대구상사에 상품 2,300원을 매출하고 대금은 동점(타인)발행 약속어음 3장으로 받다.

- 분 개 : (차변) 받을어음 2,300원 (대변) 매 출 2,300원
- 핵 심 : 약속어음과 환어음을 수취하(받으)면 "받을어음"이 발생한다.

② 위 '①'의 약속어음 중 1장 100원이 만기가 되어 현금으로 회수하다.

- 분 개 : (차변) 현 금 100원 (대변) 받을어음 100원
- 핵 심 : 받을어음은 만기일에 대금을 회수하거나 배서양도, 할인하였을 경우 소멸한다.

③ 위 '①'의 약속어음 중 1장(1,000원)의 어음을 배서양도하고 기계를 구입하다.

- 분　　개 : (차변) 기계장치　1,000원　(대변) 받을어음　1,000원
- 핵　　심 : 받을어음은 만기일에 대금을 회수하거나 배서양도, 할인하였을 경우 소멸한다.

④ 위 '①'의 약속어음 중 1장(1,200원)의 어음을 한서은행에게 할인하고 할인료 100원을 차감하고 현금 1,100원을 받다.

- 분　　개 : (차변) 현　금　1,100원　(대변) 받을어음　1,200원
  매출채권처분손실　100원
- 핵　　심 : 받을어음은 만기일에 대금을 회수하거나 배서양도, 할인하였을 경우 소멸한다. 할인할 경우 발생하는 할인료(수수료)는 현행 회계기준에서는 "매출채권처분손실"로 처리하도록 하고 있다.

(3) 지급어음

약속어음을 발행하면 "지급어음이" 발생한다. 지급어음은 만기일에 어음대금을 지급한 경우 소멸한다.

① 충주상사에서 상품 1,700원을 매입하고 대금은 당점(본인) 발행 약속어음으로 지급하다.

- 분　　개 : (차변) 매　입　1,700원　(대변) 지급어음　1,700원
- 핵　　심 : 약속어음을 발행하면 "지급어음"이 발생한다.

② 위 '①'의 약속어음이 만기가 되어 현금으로 지급하다.

- 분　　개 : (차변) 지급어음　1,700원　(대변) 현　금　1,700원
- 핵　　심 : 지급어음은 만기일에 어음대금을 지급한 경우 소멸한다.

(4) 환어음의 발행과 인수승낙

매출처의 환어음에 대한 인수승낙(환어음의 지급인이 되겠다는 승낙)이 있으면 "외상매출금"이 소멸한다. 매입처가 발행한 환어음을 인수하면(환어음의 지급인이 되면) "외상매입금"은 소멸하지만 "지급어음"이 발생한다.

① 경복상사는 청원상사에서 상품 2,900원을 매입하고 대금은 매출처 중랑상사의 인수승낙을 받아 환어음을 발행해 주다.

- 분　　개 : (차변) 매　입　2,900원　(대변) 외상매출금　2,900원
- 핵　　심 : 매출처의 환어음에 대한 인수승낙(환어음의 지급인이 되겠다는 승낙)이 있으면 "외상매출금"이 소멸한다.

② 중랑상사는 매입처 경복상사의 요청으로 환어음 2,900원을 인수하다.

- 분　　개 : (차변) 외상매입금　2,900원　(대변) 지급어음　2,900원
- 핵　　심 : 매입처가 발행한 환어음을 인수하면(환어음의 지급인이 되면) "외상매입금"은 소멸하지만 "지급어음"이 발생한다.

(5) 어음대여금과 어음차입금

금전을 대여하고 차용증서 대신 어음을 받으면 "어음대여금(단기대여금)"이 발생한다. 반면, 금전을 차입하고 차용증서 대신 어음을 발행하면 "어음차입금(단기차입금)"이 발생한다.

① 성동상사에게 약속어음을 받고 현금 2,500원을 5개월간 빌려주다.

- 분 개 : (차변) 어음대여금 2,500원 (대변) 현 금 2,500원
- 핵 심 : 금전을 대여하고 차용증서 대신 어음을 받으면 "어음대여금(단기대여금)"이 발생한다.

② 위 '①'의 어음의 만기되어 현금으로 회수하다.

- 분 개 : (차변) 현 금 2,500원 (대변) 어음대여금 2,500원
- 핵 심 : 약속어음을 받았을 때 어음대여금으로 분개하였으므로 어음대여금이 소멸한다.

③ 종로상사에 약속어음을 발행해 주고 현금 3,400원을 6개월간 빌려오다.

- 분 개 : (차변) 현 금 3,400원 (대변) 어음차입금 3,400원
- 핵 심 : 금전을 차입하고 차용증서 대신 어음을 발행하면 "어음차입금(단기차입금)"이 발생한다.

④ 위 '③'의 어음의 만기가 되어 현금으로 지급하다.

- 분 개 : (차변) 어음차입금 3,400원 (대변) 현 금 3,400원
- 핵 심 : 약속어음을 발행하였을 때 어음차입금으로 분개하였으므로 어음차입금이 소멸한다.

(6) 어음미수금과 어음미지급금

재고자산 이외의 자산을 매각처분하고 어음을 받으면 "어음미수금"이 발생한다. 반면, 재고자산 이외의 자산을 취득하고 약속어음을 발행하면 "어음미지급금"이 발생한다.

① 토지 4,600원을 처분하고 대금은 약속어음으로 받다.

- 분 개 : (차변) 어음미수금 4,600원 (대변) 토 지 4,600원
- 핵 심 : 재고자산 이외의 자산을 매각처분하고 어음을 받으면 "어음미수금"이 발생한다.

② 위 '①'의 약속어음이 만기가 되어 현금으로 회수하다.

- 분 개 : (차변) 현 금 4,600원 (대변) 어음미수금 4,600원
- 핵 심 : 약속어음을 받았을 때 어음미수금으로 분개하였으므로 어음미수금이 소멸한다.

③ 건물 5,900원을 구입하고 대금은 약속어음을 발행해 주다.

- 분 개 : (차변) 건 물 5,900원 (대변) 어음미지급금 5,900원
- 핵 심 : 재고자산 이외의 자산을 취득하고 약속어음을 발행하면 "어음미지급금"이 발생한다.

④ 위 '③'의 약속어음이 만기가 되어 현금으로 지급하다.

- 분　　개 : (차변) 어음미지급금　5,900원　　(대변) 현 금　5,900원
- 핵　　심 : 약속어음을 발행하였을 때 어음미지급금으로 분개하였으므로 어음미지급금이 소멸한다.

무작정 따라하기 8 - 1

1. 다음 거래를 분개하시오(상품은 3분법으로 회계처리).

1) 강서상사로부터 상품 2,100원을 외상으로 매입하다.

구 분	차 변	대 변
분 개		

[핵심] 재고자산을 외상으로 매입하면 "외상매입금"이라는 채무(부채)가 발생한다.

2) 강북상사에게 상품 3,000원을 외상으로 매출하다.

구 분	차 변	대 변
분 개		

[핵심] 재고자산을 외상으로 매출하면 "외상매출금"이라는 채권(자산)이 발생한다.

2. 다음 거래를 분개하시오(상품은 3분법으로 회계처리).

1) 대구상사에 상품 5,200원을 매출하고 대금은 동점(타인)발행 약속어음 3장으로 받다.

구 분	차 변	대 변
분 개		

[핵심] 약속어음과 환어음을 수취하(받으)면 "받을어음"이 발생한다.

2) 위 '1)'의 약속어음 중 1장 200원이 만기가 되어 현금으로 회수하다.

구 분	차 변	대 변
분 개		

[핵심] 받을어음은 만기일에 대금을 회수하거나 배서양도, 할인하였을 경우 소멸한다.

3) 위 '1)'의 약속어음 중 1장(3,000원)의 어음을 배서양도하고 기계를 구입하다.

구 분	차 변	대 변
분 개		

[핵심] 받을어음은 만기일에 대금을 회수하거나 배서양도, 할인하였을 경우 소멸한다.

4) 위 '1)'의 약속어음 중 1장(2,000원)의 어음을 서일은행에게 할인하고 할인료 200원을 차감하고 현금 1,800원을 받다.

구 분	차 변	대 변
분 개		

[핵심] 받을어음은 만기일에 대금을 회수하거나 배서양도, 할인하였을 경우 소멸한다. 할인할 경우 발생하는 할인료(수수료)는 현행 회계기준에서는 "매출채권처분손실"로 처리하도록 하고 있다.

5) 충주상사에서 상품 6,300원을 매입하고 대금은 당점(본인) 발행 약속어음으로 지급하다.

구 분	차 변	대 변
분 개		

[핵심] 약속어음을 발행하면 "지급어음"이 발생한다.

6) 위 '5)'의 약속어음이 만기가 되어 현금으로 지급하다.

구 분	차 변	대 변
분 개		

[핵심] 지급어음은 만기일에 어음대금을 지급한 경우 소멸한다.

3. 다음 거래를 분개하시오(상품은 3분법으로 회계처리).

1) 경복상사는 청원상사에서 상품 4,900원을 매입하고 대금은 매출처 중랑상사의 인수승낙을 받아 환어음을 발행해 주다.

구 분	차 변	대 변
분 개		

[핵심] 매출처의 환어음에 대한 인수승낙(환어음의 지급인이 되겠다는 승낙)이 있으면 "외상매출금"이 소멸한다.

2) 중랑상사는 매입처 경복상사의 요청으로 환어음 4,900원을 인수하다.

구 분	차 변	대 변
분 개		

[핵심] 매입처가 발행한 환어음을 인수하면(환어음의 지급인이 되면) "외상매입금"은 소멸하지만 "지급어음"이 발생한다.

4. 다음 거래를 분개하시오.

1) 성동상사에게 약속어음을 받고 현금 6,500원을 5개월간 빌려주다.

구 분	차 변	대 변
분 개		

[핵심] 금전을 대여하고 차용증서 대신 어음을 받으면 "어음대여금(단기대여금)"이 발생한다.

2) 위 '1)'의 어음의 만기되어 현금으로 회수하다.

구 분	차 변	대 변
분 개		

[핵심] 약속어음을 받았을 때 어음대여금으로 분개하였으므로 어음대여금이 소멸한다.

3) 종로상사에 약속어음을 발행해 주고 현금 4,700원을 6개월간 빌려오다.

구 분	차 변	대 변
분 개		

[핵심] 금전을 차입하고 차용증서 대신 어음을 발행하면 "어음차입금(단기차입금)"이 발생한다.

4) 위 '3)'의 어음의 만기가 되어 현금으로 지급하다.

구 분	차 변	대 변
분 개		

[핵심] 약속어음을 발행하였을 때 어음차입금으로 분개하였으므로 어음차입금이 소멸한다.

5) 토지 7,200원을 처분하고 대금은 약속어음으로 받다.

구 분	차 변	대 변
분 개		

[핵심] 재고자산 이외의 자산을 매각처분하고 어음을 받으면 "어음미수금"이 발생한다.

6) 위 '5)'의 약속어음이 만기가 되어 현금으로 회수하다.

구 분	차 변	대 변
분 개		

[핵심] 약속어음을 받았을 때 어음미수금으로 분개하였으므로 어음미수금이 소멸한다.

7) 건물 8,400원을 구입하고 대금은 약속어음을 발행해 주다.

구 분	차 변	대 변
분 개		

[핵심] 재고자산 이외의 자산을 취득하고 약속어음을 발행하면 "어음미지급금"이 발생한다.

8) 위 '7)'의 약속어음이 만기가 되어 현금으로 지급하다.

구 분	차 변	대 변
분 개		

[핵심] 약속어음을 발행하였을 때 어음미지급금으로 분개하였으므로 어음미지급금이 소멸한다.

무작정 따라하기 8-2

1. 다음 거래를 분개하시오(상품은 3분법으로 회계처리).

1) 강서상사로부터 상품 1,200원을 외상으로 매입하다.

구 분	차 변	대 변
분 개		

2) 강북상사에게 상품 3,500원을 외상으로 매출하다.

구 분	차 변	대 변
분 개		

2. 다음 거래를 분개하시오(상품은 3분법으로 회계처리).

1) 대구상사에 상품 2,500원을 매출하고 대금은 동점(타인)발행 약속어음 3장으로 받다.

구 분	차 변	대 변
분 개		

2) 위 '1)'의 약속어음 중 1장 500원이 만기가 되어 현금으로 회수하다.

구 분	차 변	대 변
분 개		

3) 위 '1)'의 약속어음 중 1장(800원)의 어음을 배서양도하고 화물차를 구입하다.

구 분	차 변	대 변
분 개		

4) 위 '1)'의 약속어음 중 1장(1,200원)의 어음을 서일은행에게 할인하고 할인료 150원을 차감하고 현금 1,050원을 받다.

구 분	차 변	대 변
분 개		

5) 충주상사에서 상품 3,600원을 매입하고 대금은 당점(본인) 발행 약속어음으로 지급하다.

구 분	차 변	대 변
분 개		

6) 위 '5)'의 약속어음이 만기가 되어 현금으로 지급하다.

구 분	차 변	대 변
분 개		

3. 다음 거래를 분개하시오(상품은 3분법으로 회계처리).

1) 경복상사는 청원상사에서 상품 9,400원을 매입하고 대금은 매출처 중랑상사의 인수승낙을 받아 환어음을 발행해 주다.

구 분	차 변	대 변
분 개		

2) 중랑상사는 매입처 경복상사의 요청으로 환어음 9,400원을 인수하다.

구 분	차 변	대 변
분 개		

4. 다음 거래를 분개하시오.

1) 성동상사에게 약속어음을 받고 현금 5,600원을 5개월간 빌려주다.

구 분	차 변	대 변
분 개		

2) 위 '1)'의 어음의 만기되어 현금으로 회수하다.

구 분	차 변	대 변
분 개		

3) 종로상사에 약속어음을 발행해 주고 현금 7,400원을 10개월간 빌려오다.

구 분	차 변	대 변
분 개		

4) 위 '3)'의 어음의 만기가 되어 현금으로 지급하다.

구 분	차 변	대 변
분 개		

5) 토지 2,700원을 처분하고 대금은 약속어음으로 받다.

구 분	차 변	대 변
분 개		

6) 위 '5)'의 약속어음이 만기가 되어 현금으로 회수하다.

구 분	차 변	대 변
분 개		

7) 건물 8,400원을 구입하고 대금은 약속어음을 발행해 주다.

구 분	차 변	대 변
분 개		

8) 위 '7)'의 약속어음이 만기가 되어 현금으로 지급하다.

구 분	차 변	대 변
분 개		

5. 대손충당금과 충당부채

(1) 대손충당금의 설정

"대손충당금"은 매출채권 및 기타채권에 대해 차감하는 형식으로 계상되는 대손(회수불능)추산액을 처리하는 계정이며, 결산시 대손추산액(대손예상액)을 대손충당금계정의 대변에 잔액으로 남기도록 하여야 한다.

① 결산시 매출채권 잔액 10,000원에 대하여 3%의 대손을 예상(추산)하다. 단, 대손충당금 잔액은 없다.

- 분　　개 : (차변) 대손상각비　　300원　　(대변) 대손충당금　　300 원
- 핵　　심 : 이미 설정된 대손충당금이 없다면 대손추산액을 모두 대손상각비(판매비와 관리비)와 대손충당금(매출채권의 차감적 평가계정)을 발생시키는 분개를 한다.

② 결산시 매출채권 잔액 10,000원에 대하여 3%의 대손을 예상(추산)하다. 단, 대손충당금 잔액이 100원 있다.

- 분　　개 : (차변) 대손상각비　　200원　　(대변) 대손충당금　　200원
- 핵　　심 : 이미 장부에 있는 대손충당금 잔액과 비교하여 당기 대손예상액이 크면 그 차액만 대손충당금으로 추가 설정한다.

③ 결산시 매출채권 잔액 10,000원에 대하여 3%의 대손을 예상(추산)하다. 단, 대손충당금 잔액이 500원 있다.

- 분　　개 : (차변) 대손충당금　　200원　　(대변) 대손충당금환입　　200원
- 핵　　심 : 이미 장부에 있는 대손충당금 잔액과 비교하여 당기 대손예상액이 적으면 그 차액을 환입시키기 위하여 대손충당금을 감소시킨다.

(2) 대손의 발생

대손이 발생되면 대손충당금을 충당(사용)한다. 이때 대손충당금이 부족하면 "대손상각비"로 처리한다.

① 거래처 파산으로 외상매출금 500원이 회수불능되다. 단, 대손충당금 잔액 1,000원이 있다.

- 분 개 : (차변) 대손충당금 500원 (대변) 외상매출금 500원
- 핵 심 : 대손시 대손충당금이 충분히 있으면 대손충당금을 사용하면 된다.

② 거래처 파산으로 외상매출금 500원이 회수불능되다. 단, 대손충당금 300원이 있다.

- 분 개 : (차변) 대손충당금 300원 (대변) 외상매출금 500원
  대손상각비 200원
- 핵 심 : 대손시 대손충당금이 충분하지 않으면 대손충당금 잔액을 모두 사용하고 부족한 금액은 "대손상각비"로 처리한다.

③ 거래처 파산으로 외상매출금 500원이 회수불능되다. 단, 대손충당금 잔액은 없다.

- 분 개 : (차변) 대손상각비 500원 (대변) 외상매출금 500원
- 핵 심 : 대손시 대손충당금이 충분하지 않으면 대손충당금 잔액을 모두 사용하고 부족한 금액은 "대손상각비"로 처리한다.

(3) 대손채권의 회수

당기 대손처리한 채권이 회수되면 대손 회계처리시 차변에 분개하였던 대손상각비 및 대손충당금을 환원시킨다. 그리고 전기 대손처리한 채권이 회수되면, 대손시 대손상각비가 발생한 경우라도 이미 손익계정을 통해 자본에 반영되었으므로 대손충당금만을 증가시킨다.

① 당기에 대손처리한 외상매출금 1,000원이 현금으로 회수되다.
단, 대손시 회계처리 : (차) 대손충당금 1,000원 (대) 외상매출금 1,000원

- 분 개 : (차변) 현 금 1,000원 (대변) 대손충당금 1,000원
- 핵 심 : 당기 대손처리한 채권이 회수되면 대손 회계처리시 차변에 분개하였던 대손상각비 및 대손충당금을 환원시킨다.

② 당기에 대손처리한 외상매출금 1,000원이 현금으로 회수되다.
단, 대손시 회계처리 : (차) 대손충당금 700원 (대) 외상매출금 1,000원
대손상각비 300원

- 분 개 : (차변) 현 금 1,000원 (대변) 대손충당금 700원
  대손상각비 300원
- 핵 심 : 대손처리한 채권이 회수되면 대손 회계처리시 차변에 분개하였던 대손상각비 및 대손충당금을 환원시킨다.

③ 전기에 대손처리한 외상매출금 1,200원이 현금으로 회수되다.

- 분　　개 : (차변) 현 금　　　　　1,200원　　　　　(대변) 대손충당금　　　1,200원
- 핵　　심 : 전기 대손처리한 채권이 회수되면 대손시 회계처리에 관계없이 대손충당금만을 증가시킨다.

(4) 충당부채 ....

당기 수익에 대응하는 비용으로서 장래 지출될 것이 확실하며 당기 수익에서 차감하는 것이 합리적인 것에 대하여 충당부채를 인식한다. 충당부채에는 퇴직급여충당부채, 공사(판매)보증충당부채 등이 있다.

① 결산일 현재 퇴직금추계액 1,500원, 퇴직급여충당부채 잔액은 1,200원이다.

- 분　　개 : (차변) 퇴직급여　　　　300원　　　　　퇴직급여충당부채　　　300원
- 핵　　심 : 퇴직급여충당부채는 퇴직금추계액이 기말잔액이 되도록 하여야 한다.

② 위 '①'과 같이 처리한 기업에서 종업원 퇴직으로 퇴직금 200원을 지출하다.

- 분　　개 : (차변) 퇴직급여충당부채 200원　　　　(대변) 현 금　　　　　200원
- 핵　　심 : 직원퇴직으로 퇴직금이 발생하면 퇴직급여충당부채를 먼저 사용하고 부족한 금액은 "퇴직급여"라는 비용을 발생시킨다.

무작정 따라하기 9-1

1. 다음 거래를 분개하시오.

1) 결산 시 매출채권 잔액 5,000원에 대하여 3%의 대손을 예상(추산)하다. 단, 대손충당금 잔액은 없다.

구 분	차 변	대 변
분 개		

[핵심] 이미 설정된 대손충당금이 없다면 대손추산액을 모두 대손상각비(판매비와 관리비)와 대손충당금(매출채권의 차감적 평가계정)을 발생시키는 분개를 한다.

2) 결산시 매출채권 잔액 5,000원에 대하여 3%의 대손을 예상(추산)하다. 단, 대손충당금 잔액이 100원 있다.

구 분	차 변	대 변
분 개		

[핵심] 이미 장부에 있는 대손충당금 잔액과 비교하여 당기 대손예상액이 크면 그 차액만 대손충당금으로 추가로 설정한다.

3) 결산시 매출채권 잔액 5,000원에 대하여 3%의 대손을 예상(추산)하다. 단, 대손충당금 잔액이 400원 있다.

구 분	차 변	대 변
분 개		

[핵심] 이미 장부에 있는 대손충당금 잔액과 비교하여 당기 대손예상액이 적으면 그 차액을 환입시키기 위하여 대손충당금을 감소시킨다.

2. 다음 거래를 분개하시오.

1) 거래처 파산으로 외상매출금 2,000원이 회수불능되다. 단, 대손충당금 잔액 3,000원이 있다.

구 분	차 변	대 변
분 개		

[핵심] 대손시 대손충당금이 충분히 있으면 대손충당금을 사용하면 된다.

2) 거래처 파산으로 외상매출금 2,000원이 회수불능되다. 단, 대손충당금 1,300원이 있다.

구 분	차 변	대 변
분 개		

[핵심] 대손시 대손충당금이 충분하지 않으면 대손충당금 잔액을 모두 사용하고 부족한 금액은 "대손상각비"로 처리한다.

3) 거래처 파산으로 외상매출금 2,000원이 회수불능되다. 단, 대손충당금 잔액은 없다.

구 분	차 변	대 변
분 개		

[핵심] 대손시 대손충당금이 충분하지 않으면 대손충당금 잔액을 모두 사용하고 부족한 금액은 "대손상각비"로 처리한다.

3. 다음 거래를 분개하시오.

1) 당기에 대손처리한 외상매출금 3,000원이 현금으로 회수되다.
단, 대손시 회계처리 : (차) 대손충당금 3,000원 (대) 외상매출금 3,000원

구 분	차 변	대 변
분 개		

[핵심] 당기 대손처리한 채권이 회수되면 대손 회계처리시 차변에 분개하였던 대손상각비 및 대손충당금을 환원시킨다.

2) 당기에 대손처리한 외상매출금 3,000원이 현금으로 회수되다.
단, 대손시 회계처리 : (차) 대손충당금 2,000원 (대) 외상매출금 3,000원
대손상각비 1,000원

구 분	차 변	대 변
분 개		

[핵심] 당기 대손처리한 채권이 회수되면 대손 회계처리시 차변에 분개하였던 대손상각비 및 대손충당금을 환원시킨다.

3) 전기에 대손처리한 외상매출금 2,300원이 현금으로 회수되다.

구 분	차 변	대 변
분 개		

[핵심] 전기 대손처리한 채권이 회수되면 대손시 회계처리에 관계없이 대손충당금만을 증가시킨다.

4. 다음 거래를 분개하시오.

1) 결산일 현재 퇴직금추계액 3,000원, 퇴직급여충당부채 잔액은 2,200원이다.

구 분	차 변	대 변
분 개		

[핵심] 퇴직급여충당부채는 퇴직금추계액이 기말잔액이 되도록 하여야 한다.

2) 위 '1)'과 같이 처리한 기업에서 종업원 퇴직으로 퇴직금 900원을 지출하다.

구 분	차 변	대 변
분 개		

[핵심] 직원퇴직으로 퇴직금이 발생하면 퇴직급여충당부채를 먼저 사용하고 부족한 금액은 "퇴직급여"라는 비용을 발생시킨다.

무작정 따라하기 9 - 2

1. 다음 거래를 분개하시오.

1) 결산시 매출채권 잔액 8,000원에 대하여 2%의 대손을 예상(추산)하다. 단, 대손충당금 잔액은 없다.

구 분	차 변	대 변
분 개		

2) 결산시 매출채권 잔액 8,000원에 대하여 2%의 대손을 예상(추산)하다. 단, 대손충당금 잔액이 100원 있다.

구 분	차 변	대 변
분 개		

3) 결산시 매출채권 잔액 8,000원에 대하여 2%의 대손을 예상(추산)하다. 단, 대손충당금 잔액이 400원 있다.

구 분	차 변	대 변
분 개		

2. 다음 거래를 분개하시오.

1) 거래처 파산으로 외상매출금 5,000원이 회수불능되다. 단, 대손충당금 잔액 7,000원이 있다.

구 분	차 변	대 변
분 개		

[핵심] 대손시 대손충당금이 충분히 있으면 대손충당금을 사용하면 된다.

2) 거래처 파산으로 외상매출금 5,000원이 회수불능되다. 단, 대손충당금 3,200원이 있다.

구 분	차 변	대 변
분 개		

3) 거래처 파산으로 외상매출금 5,000원이 회수불능되다. 단, 대손충당금 잔액은 없다.

구 분	차 변	대 변
분 개		

3. 다음 거래를 분개하시오.

1) 당기에 대손처리한 외상매출금 6,000원이 현금으로 회수되다.
단, 대손시 회계처리 : (차) 대손충당금 6,000원 (대) 외상매출금 6,000원

구 분	차 변	대 변
분 개		

3) 당기에 대손처리한 외상매출금 6,000원이 현금으로 회수되다.
단, 대손시 회계처리 : (차) 대손충당금 4,000원 (대) 외상매출금 6,000원
대손상각비 2,000원

구 분	차 변	대 변
분 개		

3) 전기에 대손처리한 외상매출금 4,700원이 현금으로 회수되다.

구 분	차 변	대 변
분 개		

4. 다음 거래를 분개하시오.

1) 결산일 현재 퇴직금추계액 4,000원, 퇴직급여충당부채 잔액은 3,400원이다.

구 분	차 변	대 변
분 개		

2) 위 '1)'과 같이 처리한 기업에서 종업원 퇴직으로 퇴직금 1,200원을 지출하다.

구 분	차 변	대 변
분 개		

6. 기타채권과 기타채무

(1) 단기대여금과 단기차입금

금전을 1년 이내의 기한으로 빌려주었을 때는 "단기대여금"이 발생한다. 단기대여금 회수시 단기대여금은 소멸한다. 반면, 금전을 1년 이내의 기한으로 빌려왔을 때는 "단기차입금"이 발생한다. 단기차입금은 상환시 소멸(감소)한다.

① 과천상사에 현금 1,500원을 7개월간 대여하고 차용증서를 받다.

- 분 개 : (차변) 단기대여금 1,500원 (대변) 현 금 1,500원
- 핵 심 : 금전을 1년 이내의 기한으로 빌려주었을 때는 "단기대여금"이 발생한다. 차용증서에 대해서는 분개시 고려하지 않는다.

② 위 '①'의 대여금이 만기가 되어 이자 70원과 함께 현금으로 받다.

- 분 개 : (차변) 현 금 1,570원 (대변) 단기대여금 1,500원
  이자수익 70원
- 핵 심 : 대여금 회수시 단기대여금은 소멸(감소)한다. 받는 이자는 "이자수익"이다.

③ 수원상사로부터 현금 2,300원을 5개월간 차입하고 차용증서를 주다.

- 분 개 : (차변) 현 금 2,300원 (대변) 단기차입금 2,300원
- 핵 심 : 금전을 1년 이내의 기한으로 빌려왔을 때는 "단기차입금"이 발생한다. 차용증서에 대해서는 분개시 고려하지 않는다.

④ 위 '③'의 차입금이 만기가 되어 이자 100원과 함께 현금으로 상환하다.

- 분 개 : (차변) 단기차입금 2,300원 (대변) 현 금 2,400원
  이자비용 100원
- 핵 심 : 단기차입금은 상환시 소멸한다. 지급하는 이자는 "이자비용"이다.

(2) 미수금과 미지급금

미수금은 재고자산 이외의 매각거래 즉, 유형자산이나 단기매매증권 등을 매각하여 생긴 채권이다. 미지급금은 재고자산 이외의 매입(구입)거래 즉, 유형자산이나 단기매매증권 등을 구입하고 생긴 채무이다.

① 사용하던 차량운반구 1,500원을 처분하고 대금은 나중에 받기로 하다.

- 분 개 : (차변) 미수금 1,500원 (대변) 차량운반구 1,500원
- 핵 심 : 재고자산 이외의 매각거래 즉, 유형자산이나 단기매매증권 등을 매각하여 생긴 채권은 "미수금"이다.

② 위 '①'의 처분대금을 월말에 현금으로 받다.

- 분 개 : (차변) 현 금 1,500원 (대변) 미수금 1,500원
- 핵 심 : 받지 못했던 미수채권을 받으면(회수하면) 미수금은 소멸한다.

③ 기계 2,400원을 구입하고 대금은 나중에 주기로 하다.

- 분 개 : (차변) 기계장치 2,400원 (대변) 미지급금 2,400원
- 핵 심 : 재고자산 이외의 매입(구입)거래 즉, 유형자산이나 단기매매증권 등을 구입하여 생긴 채무는 "미지급금"이다.

④ 위 '③'의 구입대금을 월말에 현금으로 지급하다.

- 분 개 : (차변) 미지급금 2,400원 (대변) 현 금 2,400원
- 핵 심 : 지급하지 못했던 미지급채무를 지급(상환)하면 미지급금은 소멸한다.

(3) 선급금과 선수금, 상품권선수금

상품 등의 취득을 위해 미리 계약금 등을 지급하면 "선급금"이 발생한다. 선급금은 상품 등을 나중에 제공받고 소멸한다. 상품 등을 인도하기 전에 계약금 등을 미리 받으면 "선수금"이 발생한다. 따라서 상품 등의 인도 전에 상품권 발행으로 금전을 미리받는 경우도 선수금(상품권선수금)이 발생한다. 선수금은 상품 등을 인도하면 소멸한다.

① 상품 2,000원을 주문하고 계약금으로 200원을 현금으로 지급하다.

- 분 개 : (차변) 선급금 200원 (대변) 현 금 200원
- 핵 심 : 주문은 회계상 거래가 아니고, 상품 등의 취득을 위해 미리 계약금 등을 지급하면 "선급금"이 발생한다.

② 위 '①'의 주문상품이 도착하여 인수하고 계약금을 제외한 잔액은 외상으로 하다.

- 분 개 : (차변) 매 입 2,000원 (대변) 선급금 200원
  외상매입금 1,800원
- 핵 심 : 선급금은 상품 등을 제공받고 소멸한다.

③ 상품 3,000원의 매수주문을 받고 계약금(착수금)으로 300원을 현금으로 받다.

- 분 개 : (차변) 현 금 300원 (대변) 선수금 300원
- 핵 심 : 상품 등을 인도하기 전에 계약금 등을 미리 받으면 "선수금"이 발생한다.

④ 위 '③'의 매수주문 받은 상품을 인도하고 계약금을 제외한 금액은 외상으로 하다.

- 분 개 : (차변) 선수금 300원 (대변) 매 출 3,000원
  외상매출금 2,700원
- 핵 심 : 선수금은 상품 등을 인도하면 소멸한다.

⑤ 상품권 1,000원을 발행하고 현금을 받다.

- 분 개 : (차변) 현 금 1,000원 (대변) 상품권선수금 1,000원
- 핵 심 : 상품권을 발행하면 "상품권선수금"이 발생한다.

⑥ 발행한 상품권 1,000원과 현금 500원을 받고 상품을 판매하다.

- 분 개 : (차변) 상품권선수금 1,000원 (대변) 매 출 1,500원
  현 금 500원
- 핵 심 : 선수금은 상품 등을 인도하면 소멸한다.

(4) (종업원)단기대여금과 예수금

급여 지급시에 차감하는 조건으로 급여의 일부를 미리 지급하는 경우에 "(종업원)단기대여금"이 발생한다. (종업원)단기대여금은 급여 지급시나 상환을 받을 때 소멸한다. "예수금"은 종업원에 대한 신원보증금을 받거나 급여에서 차감한 근로소득세, 건강보험료, 조합비 등을 일시적으로 보관할 때에 발생한다. 예수금은 종업원에게 예수금을 반환하거나 세무서 등에 납부하였을 때 소멸한다.

① 종업원 갑에게 급여에서 차감하기로 하고 현금 1,600원을 대여하다.

- 분 개 : (차변) (종업원)단기대여금 1,600원 (대변) 현 금 1,600원
- 핵 심 : 급여 지급시에 차감하는 조건으로 급여의 일부를 미리 지급하는 경우에 "(종업원)단기대여금"이 발생한다.

② 종업원 갑의 급여 7,000원을 지급하면서 위 '①'의 대여금을 차감하고 현금으로 지급하다.

- 분 개 : (차변) 급 여 7,000원 (대변) (종업원)단기대여금 1,600원
  현 금 5,400원
- 핵 심 : (종업원)단기대여금은 급여 지급시나 상환을 받을 때 소멸한다.

③ 종업원 을의 급여 8,000원 중 소득세 480원을, 건강보험료 120원을 차감하고 현금으로 지급하다.

- 분　개 : (차변) 급 여 8,000원 (대변) (소득세)예수금 480원
  (건강보험료)예수금 120원
  현 금 7,400원
- 핵　심 : 예수금은 종업원에 대한 신원보증금을 받거나 급여에서 차감한 근로소득세, 건강보험료, 조합비 등을 일시적으로 보관할 때에 발생한다.

④ 위 '③'의 예수금과 회사부담분 건강보험료 120원을 함께 관계기관에 현금으로 납부하다.

- 분　개 : (차변) (소득세)예수금 480원 (대변) 현 금 720원
  (건강보험료)예수금 120원
  복리후생비 120원
- 핵　심 : 예수금은 종업원에게 예수금을 반환하거나 세무서 등에 납부하였을 때 소멸한다.
  회사가 부담하는 건강보험료 등은 "복리후생비"로 처리한다.

(5) 가지급금과 가수금

현금을 지급하였으나 계정과목이나 금액이 불확실한 경우에 "가지급금"이 발생한다. 가지급금은 회계처리 할 계정과목이나 금액이 확정되면 소멸한다. 그리고 현금의 수입은 되었으나 계정과목이나 금액이 불확실한 경우에는 "가수금"이 발생한다. 가수금도 회계처리 할 계정과목이나 금액이 확정되면 소멸한다.

① 종업원 갑의 출장을 위해 여비로 대략 계산하여 2,300원을 현금으로 지급하다.

- 분　개 : (차변) 가지급금 2,300원 (대변) 현 금 2,300원
- 핵　심 : 현금을 지급하였으나 계정과목이나 금액이 불확실한 경우에 "가지급금"이 발생한다.

② 위 '①'의 종업원 갑이 출장 후 여비로 2,800원을 사용하였다는 증빙을 제출하여 부족액을 현금으로 지급하다.

- 분　개 : (차변) 여비교통비 2,800원 (대변) 가지급금 2,300원
  현 금 500원
- 핵　심 : 가지급금은 회계처리 할 계정과목이나 금액이 확정되면 소멸한다.

③ 위 '①'의 종업원 갑이 출장 후 여비로 1,900원을 사용하였다는 증빙을 제출하여 과잉지급액을 현금으로 회수하다.

- 분　개 : (차변) 여비교통비 1,900원 (대변) 가지급금 2,300원
  현 금 400원
- 핵　심 : 가지급금은 회계처리 할 계정과목이나 금액이 확정되면 소멸한다.

④ 거래은행의 당점 당좌예금 계좌에 원인을 모르는 송금 1,400원이 있음이 확인되다.

- 분　　개 : (차변) 당좌예금　　　1,400원　　　　(대변) 가수금　　　1,400원
- 핵　　심 : 현금(즉시 출금 가능 예금 포함)의 수입은 되었으나 계정과목이나 금액이 불확실한 경우에는 "가수금"이 발생한다.

⑤ 위 '④'의 송금이 국제상사의 매수주문 계약금임이 확인되다.

- 분　　개 : (차변) 가수금　　　1,400원　　　　(대변) 선수금　　　1,400원
- 핵　　심 : 가수금은 회계처리 할 계정과목이나 금액이 확정되면 소멸한다.

무작정 따라하기 10-1

1. 다음 거래를 분개하시오.

1) 과천상사에 현금 2,800원을 10개월간 대여하고 차용증서를 받다.

구 분	차 변	대 변
분 개		

[핵심] 금전을 1년 이내의 기한으로 빌려주었을 때는 "단기대여금"이 발생한다. 차용증서에 대해서는 분개시 고려하지 않는다.

2) 위 '1)'의 대여금이 만기가 되어 이자 150원과 함께 현금으로 받다.

구 분	차 변	대 변
분 개		

[핵심] 대여금 회수시 단기대여금은 소멸(감소)한다. 받는 이자는 "이자수익"이다.

3) 수원상사로부터 현금 3,600원을 9개월간 차입하고 차용증서를 주다.

구 분	차 변	대 변
분 개		

[핵심] 금전을 1년 이내의 기한으로 빌려왔을 때는 "단기차입금"이 발생한다. 차용증서에 대해서는 분개시 고려하지 않는다.

4) 위 '3)'의 차입금이 만기가 되어 이자 230원과 함께 현금으로 상환하다.

구 분	차 변	대 변
분 개		

[핵심] 단기차입금은 상환시 소멸한다. 지급하는 이자는 "이자비용"이다.

2. 다음 거래를 분개하시오.

1) 사용하던 기계 2,800원을 처분하고 대금은 나중에 받기로 하다.

구 분	차 변	대 변
분 개		

[핵심] 재고자산 이외의 매각거래 즉, 유형자산이나 단기매매증권 등을 매각하여 생긴 채권은 "미수금"이다.

2) 위 '1)'의 처분대금을 월말에 현금으로 받다.

구 분	차 변	대 변
분 개		

[핵심] 받지 못했던 미수채권을 받으면(회수하면) 미수금은 소멸한다.

3) 화물차 3,700원을 구입하고 대금은 나중에 주기로 하다.

구 분	차 변	대 변
분 개		

[핵심] 재고자산 이외의 매입(구입)거래 즉, 유형자산이나 단기매매증권 등을 구입하여 생긴 채무는 "미지급금"이다.

4) 위 '3)'의 구입대금을 월말에 현금으로 지급하다.

구 분	차 변	대 변
분 개		

[핵심] 지급하지 못했던 미지급채무를 지급(상환)하면 미지급금은 소멸한다.

3. 다음 거래를 분개하시오.

1) 상품 3,000원을 주문하고 계약금으로 300원을 현금으로 지급하다.

구 분	차 변	대 변
분 개		

[핵심] 주문은 회계상 거래가 아니고, 상품 등의 취득을 위해 미리 계약금 등을 지급하면 "선급금"이 발생한다.

2) 위 '1)'의 주문상품이 도착하여 인수하고 계약금을 제외한 잔액은 외상으로 하다.

구 분	차 변	대 변
분 개		

[핵심] 선급금은 상품 등을 제공받고 소멸한다.

3) 상품 4,000원의 매수주문을 받고 계약금(착수금)으로 400원을 현금으로 받다.

구 분	차 변	대 변
분 개		

[핵심] 상품 등을 인도하기 전에 계약금 등을 미리 받으면 "선수금"이 발생한다.

4) 위 '3)'의 매수주문 받은 상품을 인도하고 계약금을 제외한 금액은 외상으로 하다.

구 분	차 변	대 변
분 개		

[핵심] 선수금은 상품 등을 인도하면 소멸한다.

5) 상품권 2,000원을 발행하고 현금을 받다.

구 분	차 변	대 변
분 개		

[핵심] 상품권을 발행하면 "상품권선수금"이 발생한다.

6) 발행한 상품권 2,000원과 현금 600원을 받고 상품을 판매하다.

구 분	차 변	대 변
분 개		

[핵심] 선수금은 상품 등을 인도하면 소멸한다.

4. 다음 거래를 분개하시오.

1) 종업원 갑에게 급여에서 차감하기로 하고 현금 2,800원을 대여하다.

구 분	차 변	대 변
분 개		

[핵심] 급여 지급시에 차감하는 조건으로 급여의 일부를 미리 지급하는 경우에 " (종업원)단기대여금"이 발생한다.

2) 종업원 갑의 급여 7,500원을 지급하면서 위 '1)'의 대여금을 차감하고 현금으로 지급하다.

구 분	차 변	대 변
분 개		

[핵심] (종업원)단기대여금은 급여 지급시나 상환을 받을 때 소멸한다.

3) 종업원 을의 급여 8,400원 중 소득세 520원을, 건강보험료 180원을 차감하고 현금으로 지급하다.

구 분	차 변	대 변
분 개		

[핵심] 예수금은 종업원에 대한 신원보증금을 받거나 급여에서 차감한 근로소득세, 건강보험료, 조합비 등을 일시적으로 보관할 때에 "예수금"이 발생한다.

4) 위 '3)'의 예수금과 건강보험료의 회사부담분 180원을 함께 관계기관에 현금으로 납부하다.

구 분	차 변	대 변
분 개		

[핵심] 예수금은 종업원에게 예수금을 반환하거나 세무서 등에 납부하였을 때 소멸한다. 회사가 종업원을 위해 부담하는 건강보험료 등은 "복리후생비"로 처리한다.

5. 다음 거래를 분개하시오.

1) 종업원 갑의 출장을 위해 여비로 대략 계산하여 3,600원을 현금으로 지급하다.

구 분	차 변	대 변
분 개		

[핵심] 현금을 지급하였으나 계정과목이나 금액이 불확실한 경우에 "가지급금"이 발생한다.

2) 위 '1)'의 종업원 갑이 출장 후 여비로 4,100원을 사용하였다는 증빙을 제출하여 부족액을 현금으로 지급하다.

구 분	차 변	대 변
분 개		

[핵심] 가지급금은 회계처리 할 계정과목이나 금액이 확정되면 소멸한다.

3) 위 '1)'의 종업원 갑이 출장 후 여비로 2,400원을 사용하였다는 증빙을 제출하여 과잉지급액을 현금으로 회수하다.

구 분	차 변	대 변
분 개		

[핵심] 가지급금은 회계처리 할 계정과목이나 금액이 확정되면 소멸한다.

4) 거래은행의 당점 당좌예금 계좌에 원인을 모르는 송금 2,700원이 있음이 확인되다.

구 분	차 변	대 변
분 개		

[핵심] 현금(즉시 출금 가능 예금 포함)의 수입은 되었으나 계정과목이나 금액이 불확실한 경우에는 "가수금"이 발생한다.

5) 위 '4)'의 송금이 세계상사의 외상대금 회수분임이 확인되다.

구 분	차 변	대 변
분 개		

[핵심] 가수금은 회계처리 할 계정과목이나 금액이 확정되면 소멸한다.

무작정 따라하기 10 - 2

1. 다음 거래를 분개하시오.

1) 춘천상사에 현금 3,800원을 10개월간 대여하고 차용증서를 받다.

구 분	차 변	대 변
분 개		

2) 위 '1)'의 대여금이 만기가 되어 이자 180원과 함께 현금으로 받다.

구 분	차 변	대 변
분 개		

3) 수원상사로부터 현금 4,600원을 8개월간 차입하고 차용증서를 주다.

구 분	차 변	대 변
분 개		

4) 위 '3)'의 차입금이 만기가 되어 이자 250원과 함께 현금으로 상환하다.

구 분	차 변	대 변
분 개		

2. 다음 거래를 분개하시오.

1) 사용하던 기계 3,900원을 처분하고 대금은 나중에 받기로 하다.

구 분	차 변	대 변
분 개		

2) 위 '1)'의 처분대금을 월말에 현금으로 받다.

구 분	차 변	대 변
분 개		

3) 화물차 4,800원을 구입하고 대금은 나중에 주기로 하다.

구 분	차 변	대 변
분 개		

4) 위 '3)'의 구입대금을 월말에 현금으로 지급하다.

구 분	차 변	대 변
분 개		

3. 다음 거래를 분개하시오.

1) 상품 4,000원을 주문하고 계약금으로 400원을 현금으로 지급하다.

구 분	차 변	대 변
분 개		

2) 위 '1)'의 주문상품이 도착하여 인수하고 계약금을 제외한 잔액은 외상으로 하다.

구 분	차 변	대 변
분 개		

3) 상품 5,000원의 매수주문을 받고 계약금(착수금)으로 500원을 현금으로 받다.

구 분	차 변	대 변
분 개		

4) 위 '3)'의 매수주문 받은 상품을 인도하고 계약금을 제외한 금액은 외상으로 하다.

구 분	차 변	대 변
분 개		

5) 상품권 3,000원을 발행하고 현금을 받다.

구 분	차 변	대 변
분 개		

6) 발행한 상품권 3,000원과 현금 700원을 받고 상품을 판매하다.

구 분	차 변	대 변
분 개		

4. 다음 거래를 분개하시오.

1) 종업원 갑에게 급여에서 차감하기로 하고 현금 3,900원을 대여하다.

구 분	차 변	대 변
분 개		

2) 종업원 갑의 급여 8,500원을 지급하면서 위 '1)'의 대여금을 차감하고 현금으로 지급하다.

구 분	차 변	대 변
분 개		

3) 종업원 을의 급여 9,300원 중 소득세 600원, 건강보험료 230원을 차감하고 현금으로 지급하다.

구 분	차 변	대 변
분 개		

4) 위 '3)'의 예수금과 회사부담분 건강보험료 230원을 함께 관계기관에 현금으로 납부하다.

구 분	차 변	대 변
분 개		

5. 다음 거래를 분개하시오.

1) 종업원 갑의 출장을 위해 여비로 대략 계산하여 4,700원을 현금으로 지급하다.

구 분	차 변	대 변
분 개		

2) 위 '1)'의 종업원 갑이 출장 후 여비로 6,000원을 사용하였다는 증빙을 제출하여 부족액을 현금으로 지급하다.

구 분	차 변	대 변
분 개		

3) 위 '1)'의 종업원 갑이 출장 후 여비로 3,000원을 사용하였다는 증빙을 제출하여 과잉지급액을 현금으로 회수하다.

구 분	차 변	대 변
분 개		

4) 거래은행의 당점 당좌예금 계좌에 원인을 모르는 송금 3,800원이 있음이 확인되다.

구 분	차 변	대 변
분 개		

5) 위 '4)'의 송금이 개성상사의 외상대금 회수분임이 확인되다.

구 분	차 변	대 변
분 개		

7. 유형자산

(1) 유형자산의 취득과 처분

유형자산을 구입하였을 때 구입시 부대비용(취득세, 운반비, 설치준비비, 시운전비 등)을 포함해서 취득원가로 계상한다. 유형자산을 처분할 때는 먼저 장부가(취득원가－감가상각누계액)가 제거되도록 분개한다. 그리고 장부가와 처분가를 비교하여 장부가보다 처분가가 크면 유형자산처분이익을 발생시키고, 장부가보다 처분가가 적으면 유형자산처분손실을 발생시킨다.

① 건물 3,200원을 구입하고, 대금은 구입수수료 100원, 취득세 150원과 함께 현금으로 지급하다.

- 분　　개 : (차변) 건 물　3,450원　　(대변) 현 금　3,450원
- 핵　　심 : 유형자산을 구입하였을 때 구입시 부대비용(취득세, 운반비, 설치준비비, 시운전비 등)을 포함해서 취득원가로 계상한다.

② 취득원가 3,000원, 건물감가상각누계액 500원인 건물을 2,900원의 현금을 받고 처분하다.

- 분　　개 : (차변) 건물감가상각누계액　500원　　(대변) 건 물　3,000원
　　　　　　현 금　2,900원　　유형자산처분이익　400원

③ 취득원가 4,000원, 건물감가상각누계액 800원인 건물을 2,500원의 현금을 받고 처분하다.

- 분　　개 : (차변) 건물감가상각누계액　800원　　(대변) 건 물　4,000원
　　　　　　현 금　2,500원
　　　　　　유형자산처분손실　700원

(2) 자본적지출과 수익적지출

자본적지출은 지출효과가 장기적인 지출, 유형자산의 가치가 증가되는 지출, 내용연수를 증가시키는 지출 등이 해당된다. 자본적지출에 해당하는 지출액은 해당 유형자산에 가산한다. 수익적지출은 지출효과가 단기적인 지출, 유형자산을 원상회복하는 지출, 유형자산의 능률을 유지하는 지출 등이 해당된다. 수익적지출에 해당하는 지출액은 비용(수선비)으로 처리한다.

① 건물에 2,400원의 승강기를 설치하고 대금은 현금으로 지급하다.

- 분　　개 : (차변) 건 물　　2,400원　　(대변) 현 금　　2,400원
- 핵　　심 : 자본적지출은 지출효과가 장기적인 지출, 유형자산의 가치가 증가되는 지출, 내용연수를 증가시키는 지출 등이 해당된다. 자본적지출에 해당하는 지출액은 해당 유형자산에 가산한다.

② 건물의 유리창이 파손되어 이를 보수하고 현금 1,200원을 지급하다.

- 분　　개 : (차변) 수선비　　1,200원　　(대변) 현 금　　1,200원
- 핵　　심 : 수익적지출은 지출효과가 단기적인 지출, 유형자산을 원상회복하는 지출, 유형자산의 능률을 유지하는 지출 등이 해당된다. 수익적지출에 해당하는 지출액은 비용(수선비)으로 처리한다.

(3) 유형자산의 감가상각

토지와 건설 중인 자산을 제외한 건물, 비품, 기계장치, 차량운반구 등은 사용하거나 시간의 경과로 가치가 감소하는데 이를 감가라 하며, 결산시 다음 방법에 따라 감가상각비로 계산하여 비용처리한다.

상각방법	1년간의 감가상각금액 계산
정액법	(취득원가 – 잔존가액) ÷ 내용연수 = 1년의 감가상각비
정률법	미상각잔액 × 정률 = 1년의 감가상각비
생산량비례법	(취득원가 – 잔존가액) × (1년의 생산량 ÷ 예상 총생산량) = 1년의 감가상각비

* 미상각잔액 = 취득원가 – 감가상각누계액

① 취득원가 2,000원, 내용연수 10년의 비품을 정액법으로 상각하다. 단, 잔존가액은 없다.

- 분　　개 : (차변) (비품)감가상각비 200원　　(대변) (비품)감가상각누계액 200원
- 핵　　심 : 정액법 : (취득원가 – 잔존가액) ÷ 내용연수 = 1년의 감가상각비

② 취득원가 3,000원, 감가상각누계액 570원의 기계장치를 정률 10%로 정률법에 의해 상각하다.

- 분　　개 : (차변) (기계장치)감가상각비 243원　　(대변) (기계장치)감가상각누계액 243원
- 핵　　심 : 정률법 : (취득원가 – 감가상각누계액) × 정률 = 1년의 감가상각비

③ 취득원가 16,000원, 잔존가액 1,000원의 기계장치를 생산량비례법에 의해 상각하다. 단, 예상 총생산량은 2,000개, 해당연도 생산량은 290개이다.

- 분 개 : (차변) (기계장치)감가상각비 2,175원 (대변) (기계장치)감가상각누계액 2,175원
- 핵 심 : 생산량비례법 : (취득원가 − 잔존가액) × (1년의 생산량 ÷ 예상 총생산량) = 1년의 감가상각비

무작정 따라하기 11 - 1

1. 다음 거래를 분개하시오.

1) 건물 4,200원을 구입하고, 대금은 구입수수료 200원, 취득세 300원과 함께 현금으로 지급하다.

구 분	차 변	대 변
분 개		

[핵심] 유형자산을 구입하였을 때 구입시 부대비용(취득세, 운반비, 설치준비비, 시운전비 등)을 포함해서 취득원가로 계상한다.

2) 취득원가 4,000원, 건물감가상각누계액 800원인 건물을 3,800원의 현금을 받고 처분하다.

구 분	차 변	대 변
분 개		

[핵심] 장부가와 처분가를 비교하여 장부가보다 처분가가 크면 유형자산처분이익을 발생시키고, 장부가보다 처분가가 적으면 유형자산처분손실을 발생시킨다.

3) 취득원가 5,000원, 건물감가상각누계액 1,500원인 건물을 3,000원의 현금을 받고 처분하다.

구 분	차 변	대 변
분 개		

[핵심] 장부가와 처분가를 비교하여 장부가보다 처분가가 크면 유형자산처분이익을 발생시키고, 장부가보다 처분가가 적으면 유형자산처분손실을 발생시킨다.

4) 건물에 3,400원의 승강기를 설치하고 대금은 현금으로 지급하다.

구 분	차 변	대 변
분 개		

[핵심] 자본적지출은 지출효과가 장기적인 지출, 유형자산의 가치가 증가되는 지출, 내용연수를 증가시키는 지출 등이 해당된다. 자본적지출에 해당하는 지출액은 해당 유형자산에 가산한다.

5) 건물의 외벽 도색이 훼손되어 이를 보수하고 현금 2,400원을 지급하다.

구 분	차 변	대 변
분 개		

[핵심] 수익적지출은 지출효과가 단기적인 지출, 유형자산을 원상회복하는 지출, 유형자산의 능률을 유지하는 지출 등이 해당된다. 수익적지출에 해당하는 지출액은 비용(수선비)으로 처리한다.

2. 다음 거래를 분개하시오.

1) 취득원가 3,000원, 내용연수 10년의 비품을 정액법으로 상각하다. 단, 잔존가액은 없다.

구 분	차 변	대 변
분 개		

[핵심] 정액법 : (취득원가 − 잔존가액) ÷ 내용연수 = 1년의 감가상각비

2) 취득원가 4,000원, 감가상각누계액 760원의 기계장치를 정률 10%로 정률법에 의해 상각하다.

구 분	차 변	대 변
분 개		

[핵심] 정률법 : (취득원가 − 감가상각누계액) × 정률 = 1년의 감가상각비

3) 취득원가 22,000원, 잔존가액 2,000원의 기계장치를 생산량비례법에 의해 상각하다. 단, 예상 총생산량은 4,000개, 해당연도 생산량은 600개이다.

구 분	차 변	대 변
분 개		

[핵심] 생산량비례법 : (취득원가 − 잔존가액) × (1년의 생산량 ÷ 예상 총생산량) = 1년의 감가상각비

무작정 따라하기 11 - 2

1. 다음 거래를 분개하시오.

1) 건물 5,200원을 구입하고, 대금은 구입수수료 300원, 취득세 400원과 함께 현금으로 지급하다.

구 분	차 변	대 변
분 개		

2) 취득원가 5,000원, 건물감가상각누계액 1,500원인 건물을 4,000원의 현금을 받고 처분하다.

구 분	차 변	대 변
분 개		

3) 취득원가 6,000원, 건물감가상각누계액 2,000원인 건물을 3,200원의 현금을 받고 처분하다.

구 분	차 변	대 변
분 개		

4) 건물에 4,400원의 냉난방기(천장 매립형)를 설치하고 대금은 현금으로 지급하다.

구 분	차 변	대 변
분 개		

5) 건물의 외벽 도색이 훼손되어 이를 보수하고 현금 3,500원을 지급하다.

구 분	차 변	대 변
분 개		

2. 다음 거래를 분개하시오.

1) 취득원가 4,000원, 내용연수 10년의 비품을 정액법으로 상각하다. 단, 잔존가액은 없다.

구 분	차 변	대 변
분 개		

2) 취득원가 5,000원, 감가상각누계액 950원의 기계장치를 정률 10%로 정률법에 의해 상각하다.

구 분	차 변	대 변
분 개		

3) 취득원가 30,000원, 잔존가액 2,000원의 기계장치를 생산량비례법에 의해 상각하다. 단, 예상 총생산량은 4,000개, 해당연도 생산량은 800개이다.

구 분	차 변	대 변
분 개		

8. 자본 및 사채, 세금

(1) 개인기업의 자본금과 인출금

개인기업의 자본금은 기업주가 (추가)출자하거나 당기순이익이 발생하면 증가한다. 반면, 기업주의 인출액과 당기순손실은 자본금이 감소한다. 기업주의 현금인출과 상품 등의 소비는 "인출금"을 발생시키고, 결산시 자본금에 대체한다.

① 현금 10,000원과 비품 5,000원을 출자하여 상품매매업을 시작하다.

- 분　　개 : (차변) 현 금　10,000원　(대변) 자본금　15,000원
　　　　　　　　　　　　　　　　　　　　비 품　5,000원
- 핵　　심 : 개인기업의 자본금은 기업주가 (추가)출자하면 증가한다.

② 결산시 당기순이익 3,000원을 자본금계정에 대체하다.

- 분　　개 : (차변) 손 익　3,000원　(대변) 자본금　3,000원
- 핵　　심 : 당기순이익이 발생하면 자본금은 증가한다.

③ 결산시 당기순손실 2,100원을 자본금계정에 대체하다.

- 분　　개 : (차변) 자본금　2,100원　(대변) 손 익　2,100원
- 핵　　심 : 당기순손실이 발생하면 자본금은 감소한다.

④ 기업주가 개인용도로 현금 1,200원을 인출하다.

- 분　　개 : (차변) 인출금　1,200원　(대변) 현 금　1,200원
- 핵　　심 : 기업주의 현금인출과 상품 등의 소비는 "인출금"을 발생시킨다.

⑤ 위 '④'의 인출금을 결산시 정리하다.

- 분　　개 : (차변) 자본금　1,200원　(대변) 인출금　1,200원
- 핵　　심 : 인출금은 기중에만 사용하는 임시계정이므로 결산시 자본금계정에 대체한다.

⑥ 기업주 사업소득세 800원을 현금으로 납부하다.

- 분　　개 : (차변) 인출금　800원　(대변) 현 금　800원
- 핵　　심 : 개인기업의 사업소득세(종합소득세)는 기업부담이 아니고 기업주 부담이므로 인출금으로 처리한다.

(2) 주식회사의 자본

주식을 발행하면 자본금이 증가한다. 주식발행시 액면가액과 발행가액과의 관계에 따라 액면발행(액면가액＝발행가액), 할증발행(액면가액〈발행가액), 할인발행(액면가액〉발행가액)이 있다. 분개시 자본금은 액면만 증가하고, 할증발행시에는 주식발행초과금(자본잉여금)이 발생하고, 할인발행시에는 주식할인발행차금(－자본조정)이 발생한다.

① 사업확장을 위해 주식 100주(액면 @500원)를 액면발행하고 납입대금은 당좌예입하다.

- 분　　개 : (차변) 당좌예금　　50,000원　　　　(대변) 자본금　　　　50,000원
- 핵　　심 : 주식을 발행하면 액면금액으로 자본금이 증가한다.

② 사업확장을 위해 주식 100주(액면 @500원)을 주당 600원에 할증발행하고 납입대금은 당좌예입하다.

- 분　　개 : (차변) 당좌예금　　60,000원　　　　(대변) 자본금　　　　50,000원
　　　　　　　　　　　　　　　　　　　　　　　　　　　주식발행초과금　10,000원
- 핵　　심 : 할증발행시에는 주식발행초과금(자본잉여금)이 발생한다.

③ 사업확장을 위해 주식 100주(액면 @500원)를 주당 450원에 할인발행하고 납입대금은 당좌예입하다.

- 분　　개 : (차변) 당좌예금　　45,000원　　　　(대변) 자본금　　　　50,000원
　　　　　　　　　주식할인발행차금　5,000원
- 핵　　심 : 할인발행시에는 주식할인발행차금(－자본조정)이 발생한다.

(3) 사 채

사채를 발행하면 사채(비유동부채)가 증가한다. 사채발행도 주식발행과 같이 액면발행(액면가액＝발행가액), 할증발행(액면가액〈발행가액), 할인발행(액면가액〉발행가액)이 있다. 분개시 사채는 액면만 증가하고, 할증발행시에는 사채할증발행차금(사채의 가산적 평가계정)이 발생하고, 할인발행시에는 사채할인발행차금(사채의 차감적 평가계정)이 발생한다. 사채의 발행시 소요되는 발행수수료, 유가증권인쇄비, 기타 발행비용은 사채할인발행차금에 가산하거나 사채할증발행차금에서 차감한다(주식발행비의 경우도 같은 방법으로 주식할인발행차금에 가산하거나 주식발행초과금에서 차감한다).

① 장기자금을 조달하기 위하여 사채 60좌(액면 @10,000원)를 액면발행하고 납입대금은 당좌예입하다.

- 분　　개 : (차변) 당좌예금　　600,000원　　　　(대변) 사 채　　　　600,000원
- 핵　　심 : 사채를 발행하면 사채(비유동부채)가 증가한다. 분개시 사채는 액면만 증가한다.

② 장기자금을 조달하기 위하여 사채 60좌(액면 @10,000원)를 좌당 12,000원에 할증발행하고 납입대금은 당좌예입하다.

- 분　　개 : (차변) 당좌예금　　720,000원　　　　(대변) 사 채　　　　600,000원
　　　　　　　　　　　　　　　　　　　　　　　　　　　사채할증발행차금　120,000원
- 핵　　심 : 사채의 할증발행시에는 사채할증발행차금(사채의 가산적 평가계정)이 발생한다.

③ 장기자금을 조달하기 위하여 사채 60좌(액면 @10,000원)를 좌당 9,000원에 할인발행하고 납입대금은 당좌예입하다.

- 분　　개 : (차변) 당좌예금　540,000원　(대변) 사 채　600,000원
  사채할인발행차금　60,000원
- 핵　　심 : 사채의 할인발행시에는 사채할인발행차금(사채의 차감적 평가계정)이 발생한다.

④ 사채액면총액 500,000원(좌당 액면 10,000원)을 좌당 11,000원에 발행하고, 사채발행비 30,000원을 차감한 납입금은 당좌예금하다.

- 분　　개 : (차변) 당좌예금　520,000원　(대변) 사 채　500,000원
  사채할증발행차금　20,000원
- 핵　　심 : 사채의 발행시 소요되는 발행수수료, 유가증권인쇄비, 기타 발행비용은 사채할인발행차금에 가산하거나 사채할증발행차금에서 차감한다.

⑤ 사채액면총액 500,000원(좌당 액면 10,000원)을 좌당 8,000원에 발행하고, 사채발행비 20,000원을 차감한 납입금은 당좌예금하다.

- 분　　개 : (차변) 당좌예금　380,000원　(대변) 사 채　500,000원
  사채할인발행차금　120,000원
- 핵　　심 : 사채의 발행시 소요되는 발행수수료, 유가증권인쇄비, 기타 발행비용은 사채할인발행차금에 가산하거나 사채할증발행차금에서 차감한다.

(4) 기업의 세금

기업이 부담하는 자동차세, 재산세, 도시계획세 등과 상공회의소 회비 등은 "세금과공과"계정으로 처리한다. 한편 상품 등의 매입시 부담한 부가가치세(매입세액)은 "부가가치세대급금(자산)"계정으로 처리한다. 다만, 매입세액불공제 사유에 해당되면 해당원가에 가산한다. 상품 등의 매출(처분)시에는 매각대가로 받은 부가가치세(매출세액)는 "부가가치세예수금(부채)"계정으로 처리한다. 부가가치세대급금과 부가가치세예수금은 부가가치세 과세기간 종료일에 서로 상계시킨다. 이때 부가가치세 예수금이 많으면 미지급금이 발생하고, 부가가치세대급금이 많으면 미수금이 발생한다. 이후 미지급금은 납부시 소멸하고 미수금은 환급받았을 때 소멸한다.

① 상품 6,000원(부가가치세 10% 별도)을 외상으로 매입하다.

- 분　　개 : (차변) 매 입　6,000원　(대변) 외상매입금　6,600원
  부가가치세대급금　600원
- 핵　　심 : 상품 등의 매입시 부담한 부가가치세(매입세액)는 "부가가치세대급금(자산)"계정으로 처리한다.

② 상품 7,000원(부가가치세 10% 별도)을 외상으로 매출하다.

- 분　　개 : (차변) 외상매출금　7,700원　　(대변) 매 출　7,000원
  　　　　　　　　　　　　　　　　　　　　부가가치세예수금　700원
- 핵　　심 : 상품 등의 매출(처분)시에는 매각대가로 받은 부가가치세(매출세액)는 "부가가치세 예수금(부채)"계정으로 처리한다.

③ 부가가치세 과세기간 종료일 현재 부가가치세대급금 520원과 부가가치세예수금 600원이 있다.

- 분　　개 : (차변) 부가가치세예수금　600원　　(대변) 부가가치세대급금　520원
  　　　　　　　　　　　　　　　　　　　　미지급금　80원
- 핵　　심 : 부가가치세대급금과 부가가치세예수금은 부가가치세 과세기간 종료일에 서로 상계시킨다. 이때 부가가치세 예수금이 많으면 미지급금이 발생하고, 부가가치세대급금이 많으면 미수금이 발생한다

④ 위 '③'의 납부할 부가가치세를 현금으로 납부하다.

- 분　　개 : (차변) 미지급금　80원　　(대변) 현 금　80원
- 핵　　심 : 미지급금은 부가가치세 납부시 소멸하고 미수금은 환급받았을 때 소멸한다.

⑤ 부가가치세 과세기간 종료일 현재 부가가치세대급금 700원과 부가가치세예수금 530원이 있다.

- 분　　개 : (차변) 부가가치세예수금　530원　　(대변) 부가가치세대급금　700원
  　　　　　　　　미수금　170원
- 핵　　심 : 부가가치세대급금과 부가가치세예수금은 부가가치세 과세기간 종료일에 서로 상계시킨다. 이때 부가가치세 예수금이 많으면 미지급금이 발생하고, 부가가치세대급금이 많으면 미수금이 발생한다.

⑥ 위 '⑤'의 환급받을 부가가치세를 현금으로 환급받다.

- 분　　개 : (차변) 현 금　170원　　(대변) 미수금　170원
- 핵　　심 : 미지급금은 부가가치세 납부시 소멸하고 미수금은 환급받았을 때 소멸한다.

⑦ 업무용 자동차세 1,000원을 현금으로 납부하다.

- 분　　개 : (차변) 세금과공과　1,000원　　(대변) 현 금　1,000원
- 핵　　심 : 기업이 부담하는 자동차세, 재산세, 도시계획세 등과 상공회의소 회비 등은 "세금과공과" 계정으로 처리한다.

무작정 따라하기 12 - 1

1. 다음 거래를 분개하시오.

1) 현금 20,000원과 비품 10,000원을 출자하여 상품매매업을 시작하다.

구 분	차 변	대 변
분 개		

[핵심] 개인기업의 자본금은 기업주가 (추가)출자하면 증가한다.

2) 결산시 당기순이익 4,200원을 자본금계정에 대체하다.

구 분	차 변	대 변
분 개		

[핵심] 당기순이익이 발생하면 자본금은 증가한다.

3) 결산시 당기순손실 3,500원을 자본금계정에 대체하다.

구 분	차 변	대 변
분 개		

[핵심] 당기순손실이 발생하면 자본금은 감소한다.

4) 기업주가 개인용도로 현금 2,600원을 인출하다.

구 분	차 변	대 변
분 개		

[핵심] 기업주의 현금인출과 상품 등의 소비는 "인출금"을 발생시킨다.

5) 위 '4)'의 인출금을 결산시 정리하다.

구 분	차 변	대 변
분 개		

[핵심] 인출금은 기중에만 사용하는 임시계정이므로 결산시 자본금계정에 대체한다.

6) 기업주 사업소득세 1,800원을 현금으로 납부하다.

구 분	차 변	대 변
분 개		

[핵심] 개인기업의 사업소득세(종합소득세)는 기업부담이 아니고 기업주 부담이므로 인출금으로 처리한다.

2. 다음 거래를 분개하시오.

1) 사업확장을 위해 주식 150주(액면 @500원)을 액면발행하고 납입대금은 당좌예입하다.

구 분	차 변	대 변
분 개		

2) 사업확장을 위해 주식 150주(액면 @500원)을 주당 600원에 할증발행하고 납입대금은 당좌예입하다.

구 분	차 변	대 변
분 개		

[핵심] 할증발행시에는 주식발행초과금(자본잉여금)이 발생한다.

3) 사업확장을 위해 주식 150주(액면 @500원)을 주당 450원에 할인발행하고 납입대금은 당좌예입하다.

구 분	차 변	대 변
분 개		

[핵심] 할인발행시에는 주식할인발행차금(-자본조정)이 발생한다.

3. 다음 거래를 분개하시오.

1) 장기자금을 조달하기 위하여 사채 70좌(액면 @10,000원)를 액면발행하고 납입대금은 당좌예입하다.

구 분	차 변	대 변
분 개		

[핵심] 사채를 발행하면 사채(비유동부채)가 증가한다. 분개시 사채는 액면만 증가한다.

2) 장기자금을 조달하기 위하여 사채 70좌(액면 @10,000원)를 좌당 12,000원에 할증발행하고 납입대금은 당좌예입하다.

구 분	차 변	대 변
분 개		

[핵심] 사채의 할증발행시에는 사채할증발행차금(사채의 가산적 평가계정)이 발생한다.

3) 장기자금을 조달하기 위하여 사채 70좌(액면 @10,000원)를 좌당 9,000원에 할인발행하고 납입대금은 당좌예입하다.

구 분	차 변	대 변
분 개		

[핵심] 사채의 할인발행시에는 사채할인발행차금(사채의 차감적 평가계정)이 발생한다.

4) 사채액면총액 600,000원(좌당 액면 10,000원)을 좌당 11,000원에 발행하고, 사채발행비 30,000원을 차감한 납입금은 당좌예금하다.

구 분	차 변	대 변
분 개		

[핵심] 사채의 발행시 소요되는 발행수수료, 유가증권인쇄비, 기타 발행비용은 사채할인발행차금에 가산하거나 사채할증발행차금에서 차감한다.

5) 사채액면총액 600,000원(좌당 액면 10,000원)을 좌당 8,000원에 발행하고, 사채발행비 30,000원을 차감한 납입금은 당좌예금하다.

구 분	차 변	대 변
분 개		

[핵심] 사채의 발행시 소요되는 발행수수료, 유가증권인쇄비, 기타 발행비용은 사채할인발행차금에 가산하거나 사채할증발행차금에서 차감한다.

4. 다음 거래를 분개하시오(상품은 3분법으로 회계처리).

1) 상품 7,000원(부가가치세 10% 별도)을 외상으로 매입하다.

구 분	차 변	대 변
분 개		

[핵심] 상품 등의 매입시 부담한 부가가치세(매입세액)은 "부가가치세대급금(자산)"계정으로 처리한다.

2) 상품 8,000원(부가가치세 10% 별도)을 외상으로 매출하다.

구 분	차 변	대 변
분 개		

[핵심] 상품 등의 매출(처분)시에는 매각대가로 받은 부가가치세(매출세액)는 "부가가치세예수금(부채)"계정으로 처리한다.

3) 부가가치세 과세기간 종료일 현재 부가가치세대급금 580원과 부가가치세예수금 700원이 있다.

구 분	차 변	대 변
분 개		

[핵심] 부가가치세대급금과 부가가치세예수금은 부가가치세 과세기간 종료일에 서로 상계시킨다. 이때 부가가치세 예수금이 많으면 미지급금이 발생하고, 부가가치세대급금이 많으면 미수금이 발생한다

4) 위 '3)'의 납부할 부가가치세를 현금으로 납부하다.

구 분	차 변	대 변
분 개		

[핵심] 미지급금은 부가가치세 납부시 소멸하고 미수금은 환급받았을 때 소멸한다.

5) 부가가치세 과세기간 종료일 현재 부가가치세대급금 800원과 부가가치세예수금 650원이 있다.

구 분	차 변	대 변
분 개		

[핵심] 부가가치세대급금과 부가가치세예수금은 부가가치세 과세기간 종료일에 서로 상계시킨다. 이때 부가가치세 예수금이 많으면 미지급금이 발생하고, 부가가치세대급금이 많으면 미수금이 발생한다

6) 위 '5)'의 환급받을 부가가치세를 현금으로 환급받다.

구 분	차 변	대 변
분 개		

[핵심] 미지급금은 부가가치세 납부시 소멸하고 미수금은 환급받았을 때 소멸한다.

7) 업무용 건물의 재산세 2,000원을 현금으로 납부하다.

구 분	차 변	대 변
분 개		

[핵심] 기업이 부담하는 자동차세, 재산세, 도시계획세 등과 상공회의소 회비 등은 "세금과공과"계정으로 처리한다.

무작정 따라하기 12 - 2

1. 다음 거래를 분개하시오.

1) 현금 40,000원과 화물차 20,000원을 출자하여 상품매매업을 시작하다.

구 분	차 변	대 변
분 개		

2) 결산시 당기순이익 5,400원을 자본금계정에 대체하다.

구 분	차 변	대 변
분 개		

3) 결산시 당기순손실 4,200원을 자본금계정에 대체하다.

구 분	차 변	대 변
분 개		

4) 기업주가 개인용도로 현금 6,200원을 인출하다.

구 분	차 변	대 변
분 개		

5) 위 '4)'의 인출금을 결산시 정리하다.

구 분	차 변	대 변
분 개		

6) 기업주 사업소득세 3,700원을 현금으로 납부하다.

구 분	차 변	대 변
분 개		

2. 다음 거래를 분개하시오.

1) 사업확장을 위해 주식 180주(액면 @500원)를 액면발행하고 납입대금은 당좌예입하다.

구 분	차 변	대 변
분 개		

2) 사업확장을 위해 주식 180주(액면 @500원)를 주당 550원에 할증발행하고 납입대금은 당좌예입하다.

구 분	차 변	대 변
분 개		

3) 사업확장을 위해 주식 180주(액면 @500원)를 주당 400원에 할인발행하고 납입대금은 당좌예입하다.

구 분	차 변	대 변
분 개		

3. 다음 거래를 분개하시오.

1) 장기자금을 조달하기 위하여 사채 80좌(액면 @10,000원)를 액면발행하고 납입대금은 당좌예입하다.

구 분	차 변	대 변
분 개		

2) 장기자금을 조달하기 위하여 사채 80좌(액면 @10,000원)를 좌당 12,000원에 할증발행하고 납입대금은 당좌예입하다.

구 분	차 변	대 변
분 개		

3) 장기자금을 조달하기 위하여 사채 80좌(액면 @10,000원)를 좌당 8,000원에 할인발행하고 납입대금은 당좌예입하다.

구 분	차 변	대 변
분 개		

4) 사채액면총액 700,000원(좌당 액면 10,000원)을 좌당 12,000원에 발행하고, 사채발행비 40,000원을 차감한 납입금은 당좌예금하다.

구 분	차 변	대 변
분 개		

5) 사채액면총액 700,000원(좌당 액면 10,000원)을 좌당 9,000원에 발행하고, 사채발행비 40,000원을 차감한 납입금은 당좌예금하다.

구 분	차 변	대 변
분 개		

4. 다음 거래를 분개하시오(상품은 3분법으로 회계처리).

1) 상품 8,000원(부가가치세 10% 별도)을 외상으로 매입하다.

구 분	차 변	대 변
분 개		

2) 상품 9,000원(부가가치세 10% 별도)을 외상으로 매출하다.

구 분	차 변	대 변
분 개		

3) 부가가치세 과세기간 종료일 현재 부가가치세대급금 670원과 부가가치세예수금 800원이 있다.

구 분	차 변	대 변
분 개		

4) 위 '3)'의 납부할 부가가치세를 현금으로 납부하다.

구 분	차 변	대 변
분 개		

5) 부가가치세 과세기간 종료일 현재 부가가치세대급금 900원과 부가가치세예수금 720원이 있다.

구 분	차 변	대 변
분 개		

6) 위 '5)'의 환급받을 부가가치세를 현금으로 환급받다.

구 분	차 변	대 변
분 개		

7) 상공회의소 회비 3,000원을 현금으로 납부하다.

구 분	차 변	대 변
분 개		

9. 결산정리(수정분개)

(1) 상품계정의 정리

수기장부를 이용할 때와 전산프로그램을 이용할 때의 결산정리시 회계처리가 다르다. 그 이유는 상품의 거래시 수기장부를 이용할 때는 이월상품계정(기말만 분개), 매입계정, 매출계정을 사용하지만, 전산프로그램은 상품계정, 상품매출원가계정(기말만 분개), 상품매출계정을 사용하여 기중 회계처리가 다르기 때문이다.

❖ 다음 거래를 수기장부를 이용할 때와 전산프로그램을 이용할 때를 각각 분개하시오. 단, 기초상품 2,000원, 기말상품 3,000원이다.
5월10일 : 상품 4,500원을 외상으로 매입하다.
10월23일 상품 5,000원을 외상으로 매출하다.
12월31일 : 기말결산 정리

구 분		차 변		대 변	
수기 장부	5/10	매 입	4,500원	외상매입금	4,500원
	10/23	외상매출금	5,000원	매 출	5,000원
	12/31	매 입 이월상품	2,000원 3,000원	이월상품 매 입	2,000원 3,000원
		[핵심] 결산시 매입계정에서 매출원가를 산출하도록 분개하며, 장부상 이월상품을 기초상품은 제거하고 기말상품으로 대체하도록 분개한다. 1. 기초상품 2,000원 + 당기매입액 4,500원 – 기말상품 3,000원 = 매출원가(매입) 3,500원 2. 순매출액 5,000원 – 매출원가 3,500원 = 매출총이익 1,500원			

구 분		차 변		대 변	
전산 장부	5/10	상 품	4,500원	외상매입금	4,500원
	10/23	외상매출금	5,000원	상품매출	5,000원
	12/31	상품매출원가	3,500원	상 품	3,500원
		[핵심] 결산시 기중에 매입계정이 없었으므로 매출원가에 해당하는 금액을 계산하여 상품매출원가에 반영하고, 동 금액만큼 상품계정도 감소시켜 상품의 기말재고가 장부에 반영되도록 한다. 1. 기초상품 2,000원 + 당기매입액 4,500원 – 기말상품 3,000원 = 매출원가(매입) 3,500원 2. 순매출액 5,000원 – 매출원가 3,500원 = 매출총이익 1,500원			

(2) 선급비용과 선수수익 계상

결산시 이미 지급한 비용 중 차기 분에 해당하는 금액은 당기의 비용에서 차감하고 "선급비용(자산)"을 발생시키는 분개를 한다. 결산시 이미 받은 수익 중 차기 분에 해당하는 금액은 당기의 수익에서 차감하고 "선수수익(부채)"을 발생시키는 분개를 한다.

① 12월31일 결산정리전 합계잔액시산표상 보험료 잔액은 4,800원이고, 5월1일 1년분을 지출한 금액이다.

- 분 개 : (차변) 선급비용 1,600원 (대) 보험료 1,600원
- 핵 심 : 결산시 이미 지급한 비용 중 차기 분에 해당하는 금액은 당기의 비용에서 차감하고 "선급비용"을 발생시키는 분개를 한다(1개월 400원 × 4개월 = 1,600원).

② 12월31일 결산정리전 합계잔액시산표상 임대료 잔액은 6,000원이고, 3월1일 1년분을 수입한 금액이다.

- 분　　개 : (차변) 임대료　1,000원　(대변) 선수수익　1,000원
- 핵　　심 : 결산시 이미 받은 수익 중 차기 분에 해당하는 금액은 당기의 수익에서 차감하고 "선수수익"을 발생시키는 분개를 한다(1개월 500원 × 2개월 = 1,000원).

(3) 미수수익과 미지급비용 계상

결산시 당기에 속하는 수익을 결산일까지 받지 못한 금액은 "미수수익(자산)"을 발생시키고 당기 수익에 가산하는 분개를 한다. 결산시 당기에 속하는 비용을 결산일까지 지급하지 못한 금액은 "미지급비용(부채)"을 발생시키고 당기 비용에 가산하는 분개를 한다.

① 3개월분 임대료 미수액 1,200원을 예상(계상)하다.

- 분　　개 : (차변) 미수수익　1,200원　(대변) 임대료　1,200원
- 핵　　심 : 결산시 당기에 속하는 수익을 결산일까지 받지 못한 금액은 "미수수익"을 발생시키고 당기 수익에 가산하는 분개를 한다.

② 4개월분 이자 미지급액 1,600원을 예상(계상)하다

- 분　　개 : (차변) 이자비용　1,600원　(대변) 미지급비용　1,600원
- 핵　　심 : 결산시 당기에 속하는 비용을 결산일까지 지급하지 못한 금액은 "미지급비용"을 발생시키고 당기 비용에 가산하는 분개를 한다.

(4) 소모품과 소모품비

사무용 장부 및 문방구류 등을 구입하였을 때 비용으로 처리하는 방법과 자산으로 처리하는 방법이 있다. 비용으로 처리하였을 경우 결산시 미사용액을 조사하여 소모품비(비용)를 감소시키고 해당금액을 "소모품(자산)"으로 분개한다. 자산으로 처리하였을 경우 결산시 사용액을 조사하여 소모품을 감소시키고 해당금액을 소모품비로 분개한다.

① "소모품비"로 계상된 8,000원 중 기말현재(결산시) 미사용액은 2,300원이다.

- 분　　개 : (차변) 소모품　2,300원　(대변) 소모품비　2,300원
- 핵　　심 : 회계기간 중에 비용으로 처리하였을 경우 결산시 미사용액을 조사하여 소모품비(비용)를 감소시키고 해당금액을 "소모품(자산)"으로 분개한다.
  (소모품관련 지출 8,000원 − 미사용액 2,300원 = 사용액 5,700원)

② "소모품"으로 계상된 8,000원 중 기말현재(결산시) 사용액은 5,700원이다.

- 분　　개 : (차변) 소모품비　5,700원　(대변) 소모품　5,700원
- 핵　　심 : 회계기간 중에 자산으로 처리하였을 경우 결산시 사용액을 조사하여 소모품을 감소시키고 해당금액을 소모품비로 분개한다.
  (소모품관련 지출 8,000원 − 사용액 5,700원 = 미사용액 2,300원)

(5) 법인세비용의 계상

결산시 법인세비용은 회계기간 중에 사용한 계정과목에 따라 회계처리가 달라진다. 회계기간 중 발생한 법인세에 대해 두 가지 방법을 사용할 수 있다. 하나는 회계기간 중 발생 법인세를 "선납세금"으로 처리하는 방법이고, 다른 하나는 회계기간 중 발생 법인세를 "법인세비용"으로 처리하는 방법이다. 기중에 선납세금이 사용되었을 경우에는 결산시, 추산한 법인세 전체 금액을 "법인세비용"으로 발생시키고 "선납세금"은 소멸시키고 법인세비용과 선납세금의 차액은 "미지급법인세"로 계상하여야 한다. 한편 기중에 법인세비용이 사용되었을 경우에는 결산시, 추산한 법인세에서 "선납세금"을 차감한 차액에 대해서만 "법인세비용"과 "미지급법인세"로 계상한다.

① 당기 법인세추산액은 5,500,000원이다. 단, 법인세 중간예납세액 1,500,000원과 거래은행 원천징수세액 700,000원이 있다(회계기간 중 발생액 "선납세금"계정 사용).

- 분 개 : (차변) 법인세비용 5,500,000원 (대변) 선납세금 2,200,000원
  미지급법인세 3,300,000원
- 핵 심 : 기중에 선납세금이 사용되었을 경우에는 결산시, 추산한 법인세 전체 금액을 "법인세비용"으로 발생시키고 "선납세금"은 소멸시키고 법인세비용과 선납세금의 차액은 "미지급법인세"로 계상하여야 한다.

② 당기 법인세추산액은 5,500,000원이다. 단, 법인세 중간예납세액 1,500,000원과 거래은행 원천징수세액 700,000원이 있다(회계기간 중 발생액 "법인세비용"계정 사용).

- 분 개 : (차변) 법인세비용 3,300,000원 (대변) 미지급법인세 3,300,000원
- 핵 심 : 기중에 법인세비용이 사용되었을 경우에는 결산시, 추산한 법인세에서 "선납세금"을 차감한 차액에 대해서만 "법인세비용"과 "미지급법인세"로 계상한다.

(6) 기타 기말결산 정리사항

결산시 대손상각비 및 대손충당금의 설정, 감가상각비 및 감가상각누계액의 계상, 유가증권의 평가, 임시계정(현금과부족, 가지급금, 가수금) 등의 정리도 하여야 한다.

① 외상매출금 기말잔액 12,000원에 대해 2%의 대손을 예상(추산)하여 대손충당금을 설정하다. 단, 기말현재 대손충당금 잔액 190원이 있다.

- 분 개 : (차변) 대손상각비 50원 (대변) 대손충당금 50원
- 핵 심 : 이미 장부에 있는 대손충당금 잔액과 비교하여 당기 대손예상(추산액)액이 크면 그 차액만 대손충당금으로 추가로 설정하고, 적으면 대손충당금을 환입한다.

② 받을어음 기말잔액 10,000원에 대해 1%의 대손을 예상(추산)하여 대손충당금을 설정하다. 단, 기말현재 대손충당금 잔액 160원이 있다.

- 분 개 : (차변) 대손충당금 60원 (대변) 대손충당금환입 60원

• 핵　　심 : 이미 장부에 있는 대손충당금 잔액과 비교하여 당기 대손예상(추산액)액이 크면 그 차액만 대손충당금으로 추가로 설정하고, 적으면 대손충당금을 환입한다.

③ 기말현재 기계장치(취득원가 10,000원, 기계장치감가상각누계액 1,000원, 잔존가액 0)를 10%의 정률로 상각하다.

• 분　　개 : (차변) 감가상각비 900원 (대변) 기계장치감가상각누계액 900원
• 핵　　심 : 정률법 : (취득가액 − 감가상각누계액) × 정률 = 1년의 감가상각비

④ 기말현재 내용연수 10년의 비품(취득원가 7,000원, 비품감가상각누계액 1,400원, 잔존가액 0)을 정액법으로 상각하다.

• 분　　개 : (차변) 감가상각비 700원 (대변) 비품감가상각누계액 700원
• 핵　　심 : 정액법 : (취득원가 − 잔존가액) ÷ 내용연수 = 1년의 감가상각비

⑤ 기말현재 1년을 상각하고 남은 개발비 미상각잔액 4,800원이 있다. 모든 무형자산은 사용가능한 시점부터 5년간 상각한다.

• 분　　개 : (차변) 무형자산상각비 1,200원 (대변) 개발비 1,200원
• 핵　　심 : 무형자산을 분개하여 기록할 때는 직접법을 사용하고 상각금액은 추정내용연수 동안 체계적인 방법을 사용하지만, 체계적인 방법을 사용하기 곤란한 경우는 정액법을 사용한다.

⑥ 단기매매차익을 목적으로 소유한 (주)한서의 주식 10주 액면가액 @500원, 장부금액 @800원의 결산기말 공정가치(시가)가 @600원이다.

• 분　　개 : (차변) 단기매매증권평가손실 2,000원 (대변) 단기매매증권 2,000원
• 핵　　심 : 결산시 공정가치를 재무상태표가액으로 하기 위해, 공정가치가 장부가보다 하락한 경우에는 "단기매매증권평가손실"을 계상하고, 공정가치가 장부가액보다 상승한 경우에는 단기매매증권평가이익을 계상한다.

⑦ 결산기말 현금과부족 차변잔액 500원의 원인이 당기분 차량보험료 납부액을 누락시킨 것으로 확인되다.

• 분　　개 : (차변) 보험료 500원 (대변) 현금과부족 500원
• 핵　　심 : "현금과부족"계정은 임시계정이므로 그 원인을 밝혀 제거하고 밝혀진 계정과목으로 정리하여야 하고, 만일 원인을 밝힐 수 없을 경우 차변잔액은 "잡손실"로, 대변잔액은 "잡이익"으로 정리한다.

⑧ 결산기말 가수금 1,300원은 수수료수익의 입금으로 판명되다.

• 분　　개 : (차변) 가수금 1,300원 (대변) 수수료수익 1,300원
• 핵　　심 : 가수금은 확정되지 않았던 계정과목이나 금액이 확정되면, 확정된 계정과목이나 금액으로 바꾸어 준다.

⑨ 결산기말 가지급금 2,400원은 대표이사에 대한 대여금으로 밝혀지다.

- 분　　개 : (차변) 종업원단기대여금　2,400원　　(대변) 가지급금　2,400원
- 핵　　심 : 가지급금은 확정되지 않았던 계정과목이나 금액이 확정되면, 확정된 계정과목이나 금액으로 바꾸어 준다.

⑩ 결산기말 장기차입금 중 3,600원이 1년 내에 상환기일이 도래하는 것으로 확인되다.

- 분　　개 : (차변) 장기차입금　3,600원　　(대변) 유동성장기부채　3,600원
- 핵　　심 : 비유동자산과 부채 중에서 1년 이내에 만기일이 도래하는 부분은 유동자산(유동성장기자산)과 유동부채(유동성장기부채)로 재분류하여야 한다.

무작정 따라하기 13 - 1

1. 다음 거래를 분개하시오.

1) 기초상품 4,000원, 기말상품 5,000원, 당기순매입액 8,000원(매입, 매출, 이월상품계정 사용시)

구 분	차 변	대 변
분 개		

[핵심] "매입"계정에서 매출원가를 산출할 수 있도록 기초상품과 기말상품에 대해서 분개한다.

2) 기초상품 4,000원, 기말상품 5,000원, 당기순매입액 8,000원(상품, 상품매출, 상품매출원가계정 사용시)

구 분	차 변	대 변
분 개		

[핵심] 매출원가를 계산하여 "상품매출원가"계정을 발생시켜 반영하고, 동 금액만큼 상품의 재고금액도 감소시킨다.

3) 12월31일 결산정리전 합계잔액시산표상 이자비용 잔액은 3,600원이고, 4월1일 1년분을 지출한 금액이다.

구 분	차 변	대 변
분 개		

[핵심] 결산시 이미 지급한 비용 중 차기 분에 해당하는 금액은 당기의 비용에서 차감하고 "선급비용"을 발생시키는 분개를 한다.

4) 12월31일 결산정리전 합계잔액시산표상 임대료 잔액은 4,800원이고, 9월1일 1년분을 수입한 금액이다.

구 분	차 변	대 변
분 개		

[핵심] 결산시 이미 받은 수익 중 차기 분에 해당하는 금액은 당기의 수익에서 차감하고 "선수수익"을 발생시키는 분개를 한다.

5) 4개월분 임대료 미수액 2,100원을 예상(계상)하다.

구 분	차 변	대 변
분 개		

[핵심] 결산시 당기에 속하는 수익을 결산일까지 받지 못한 금액은 "미수수익"을 발생시키고 당기 수익에 가산하는 분개를 한다.

6) 5개월분 이자 미지급액 2,500원을 예상(계상)하다

구 분	차 변	대 변
분 개		

[핵심] 결산시 당기에 속하는 비용을 결산일까지 지급하지 못한 금액은 "미지급비용"을 발생시키고 당기 비용에 가산하는 분개를 한다.

7) "소모품비"로 계상된 7,000원 중 기말현재(결산시) 미사용액은 5,200원이다.

구 분	차 변	대 변
분 개		

[핵심] 회계기간 중에 비용으로 처리하였을 경우 결산시 미사용액을 조사하여 소모품비(비용)를 감소시키고 해당 금액을 "소모품(자산)"으로 분개한다.

8) "소모품"으로 계상된 7,000원 중 기말현재(결산시) 사용액은 1,800원이다.

구 분	차 변	대 변
분 개		

[핵심] 회계기간 중에 자산으로 처리하였을 경우 결산시 사용액을 조사하여 소모품을 감소시키고 해당 금액을 소모품비로 분개한다.

9) 당기 법인세추산액은 7,000,000원이다. 단, 법인세 중간예납세액 1,200,000원과 거래은행 원천징수세액 600,000원이 있다(회계기간 중 발생액 "선납세금"계정 사용).

구 분	차 변	대 변
분 개		

[핵심] 기중에 선납세금이 사용되었을 경우에는 결산시, 추산한 법인세 전체 금액을 "법인세비용"으로 발생시키고 "선납세금"은 소멸시키고 법인세비용과 선납세금의 차액은 "미지급법인세"로 계상하여야 한다.

10) 당기 법인세추산액은 7,000,000원이다. 단, 법인세 중간예납세액 1,200,000원과 거래은행 원천징수세액 600,000원이 있다(회계기간 중 발생액 "법인세비용"계정 사용).

구 분	차 변	대 변
분 개		

[핵심] 기중에 법인세비용이 사용되었을 경우에는 결산시, 추산한 법인세에서 "선납세금"을 차감한 차액에 대해서만 "법인세비용"과 "미지급법인세"로 계상한다.

2. 다음 거래를 분개하시오.

1) 외상매출금 기말잔액 15,000원에 대해 3%의 대손을 예상(추산)하여 대손충당금을 설정하다. 단, 기말현재 대손충당금 잔액 200원이 있다.

구 분	차 변	대 변
분 개		

[핵심] 이미 장부에 있는 대손충당금 잔액과 비교하여 당기 대손예상(추산액)액이 크면 그 차액만 대손충당금으로 추가 설정하고, 적으면 대손충당금을 환입한다.

2) 받을어음 기말잔액 12,000원에 대해 2%의 대손을 예상(추산)하여 대손충당금을 설정하다. 단, 기말현재 대손충당금 잔액 340원이 있다.

구 분	차 변	대 변
분 개		

[핵심] 이미 장부에 있는 대손충당금 잔액과 비교하여 당기 대손예상(추산액)액이 크면 그 차액만 대손충당금으로 추가로 설정하고, 적으면 대손충당금을 환입한다.

3) 기말현재 차량운반구(취득원가 20,000원, 차량운반구감가상각누계액 2,000원, 잔존가액 0)를 10%의 정률로 상각하다.

구 분	차 변	대 변
분 개		

[핵심] 정률법 : (취득가액 – 감가상각누계액) × 정률 = 1년의 감가상각비

4) 기말현재 내용연수 20년의 건물(취득원가 12,000원, 건물감가상각누계액 2,400원, 잔존가액 0)을 정액법으로 상각하다.

구 분	차 변	대 변
분 개		

[핵심] 정액법 : (취득원가 – 잔존가액) ÷ 내용연수 = 1년의 감가상각비

5) 기말현재 2년을 상각하고 남은 개발비 미상각잔액 2,400원이 있다. 모든 무형자산은 사용가능한 시점부터 5년간 상각한다.

구 분	차 변	대 변
분 개		

[핵심] 무형자산을 분개하여 기록할 때는 직접법을 사용하고 상각금액은 추정내용연수 동안 체계적인 방법을 사용하지만, 체계적인 방법을 사용하기 곤란한 경우는 정액법을 사용한다.

6) 단기매매차익을 목적으로 소유한 (주)서진의 주식 20주 액면가액 @500원, 장부금액 @700원의 결산기말 공정가치(시가)가 750원이다.

구 분	차 변	대 변
분 개		

[핵심] 결산시 공정가치를 재무상태표가액으로 하기 위해, 공정가치가 장부가보다 하락한 경우에는 "단기매매증권평가손실"을 계상하고, 공정가치가 장부가액보다 상승한 경우에는 단기매매증권평가이익을 계상한다.

7) 결산기말 현금과부족 차변잔액 700원의 원인을 밝힐 수 없었다.

구 분	차 변	대 변
분 개		

[핵심] "현금과부족"계정은 임시계정이므로 그 원인을 밝혀 제거하고 밝혀진 계정과목으로 정리하여야 하고, 만일 원인을 밝힐 수 없을 경우 차변잔액은 "잡손실"로, 대변잔액은 "잡이익"으로 정리한다.

8) 결산기말 가수금 3,100원은 외상매출금의 회수분으로 판명되다.

구 분	차 변	대 변
분 개		

[핵심] 가수금은 확정되지 않았던 계정과목이나 금액이 확정되면, 확정된 계정과목이나 금액으로 바꾸어 준다.

9) 결산기말 가지급금 4,100원은 보험료 지급으로 밝혀지다.

구 분	차 변	대 변
분 개		

[핵심] 가지급금은 확정되지 않았던 계정과목이나 금액이 확정되면, 확정된 계정과목이나 금액으로 바꾸어 준다.

10) 결산기말 장기차입금 중 4,900원이 1년 이내에 상환기일이 도래하는 것으로 확인되다.

구 분	차 변	대 변
분 개		

[핵심] 비유동자산과 부채 중에서 1년 이내에 만기일이 도래하는 부분은 유동자산(유동성장기자산)과 유동부채(유동성장기부채)로 재분류하여야 한다.

무작정 따라하기 13 - 2

1. 다음 거래를 분개하시오.

1) 기초상품 5,000원, 기말상품 5,500원, 당기순매입액 9,500원(매입, 매출, 이월상품계정 사용시)

구 분	차 변	대 변
분 개		

2) 기초상품 5,000원, 기말상품 5,500원, 당기순매입액 9,500원(상품, 상품매출, 상품매출원가계정 사용시)

구 분	차 변	대 변
분 개		

3) 12월31일 결산정리전 합계잔액시산표상 임차료 잔액은 4,800원이고, 8월1일 1년분을 지출한 금액이다.

구 분	차 변	대 변
분 개		

4) 12월31일 결산정리전 합계잔액시산표상 이자수익 잔액은 2,400원이고, 6월1일 1년분을 수입한 금액이다.

구 분	차 변	대 변
분 개		

5) 5개월분 이자 미수액 3,200원을 예상(계상)하다.

구 분	차 변	대 변
분 개		

6) 6개월분 보험료 미지급액 6300원을 예상(계상)하다

구 분	차 변	대 변
분 개		

7) "소모품비"로 계상된 6,000원 중 기말현재(결산시) 미사용액은 3,600원이다.

구 분	차 변	대 변
분 개		

8) "소모품"으로 계상된 6,000원 중 기말현재(결산시) 사용액은 2,400원이다.

구 분	차 변	대 변
분 개		

9) 당기 법인세추산액은 8,000,000원이다. 단, 법인세 중간예납세액 2,500,000원과 거래은행 원천징수세액 700,000원이 있다(회계기간 중 발생액 "선납세금"계정 사용).

구 분	차 변	대 변
분 개		

10) 당기 법인세추산액은 8,000,000원이다. 단, 법인세 중간예납세액 2,500,000원과 거래은행 원천징수세액 700,000원이 있다(회계기간 중 발생액 "법인세비용"계정 사용).

구 분	차 변	대 변
분 개		

2. 다음 거래를 분개하시오.

1) 외상매출금 기말잔액 50,000원에 대해 2%의 대손을 예상(추산)하여 대손충당금을 설정하다. 단, 기말현재 대손충당금 잔액 1,200원이 있다.

구 분	차 변	대 변
분 개		

2) 받을어음 기말잔액 25,000원에 대해 1%의 대손을 예상(추산)하여 대손충당금을 설정하다. 단, 기말현재 대손충당금 잔액 120원이 있다.

구 분	차 변	대 변
분 개		

3) 기말현재 차량운반구(취득원가 30,000원, 차량운반구감가상각누계액 3,000원, 잔존가액 0)를 20%의 정률로 상각하다.

구 분	차 변	대 변
분 개		

4) 기말현재 내용연수 5년의 건물(취득원가 25,000원, 건물감가상각누계액 10,000원, 잔존가액 0)을 정액법으로 상각하다.

구 분	차 변	대 변
분 개		

5) 기말현재 1년을 상각하고 남은 개발비 미상각잔액 3,600원이 있다. 모든 무형자산은 사용가능한 시점부터 5년간 상각한다.

구 분	차 변	대 변
분 개		

6) 단기매매차익을 목적으로 소유한 (주)서진의 주식 30주 액면가액 @500원, 장부금액 @800원의 결산기말 공정가치(시가)가 @650원이다.

구 분	차 변	대 변
분 개		

7) 결산기말 현금과부족 대변잔액 900원의 원인을 밝힐 수 없었다.

구 분	차 변	대 변
분 개		

8) 결산기말 가수금 7,300원은 수수료수익 입금으로 판명되다.

구 분	차 변	대 변
분 개		

9) 결산기말 가지급금 5,800원은 시내출장비 지급으로 밝혀지다.

구 분	차 변	대 변
분 개		

10) 결산기말 장기차입금 중 6,700원이 1년 내에 상환기일이 도래하는 것으로 확인되다.

구 분	차 변	대 변
분 개		

05

증빙과 분개

분개만 하는 회계연습

05 증빙과 분개

1. 증빙의 의의와 종류

(1) 증빙의 의의

증빙이란 해당 기업(사업자)이 다른 기업(사업자) 등과 거래를 할 때 거래에 대해 증명할 수 있는 서류를 말한다. 증빙은 세법에서 증빙으로 인정하는 법정지출증빙(적격증빙)과 인정하지 않는 비법정지출증빙(비적격증빙)이 있다. 법정지출증빙에는 세금계산서, 계산서, 신용카드매출전표, 현금영수증(사업자지출증빙용) 등이 있으며, 비법정지출증빙에는 거래명세서, 입금표, 지출결의서 등이 있다. (간이)영수증은 지출금액이 3만원 이하인 경우에는 법정지출증빙이 되지만, 3만원을 초과하는 경우에는 비법정지출증빙에 해당하게 된다. 법정지출증빙이 아니어도 장부에 기장은 할 수 있으나, 장부에 기록된 내용이 사실인지 여부가 확인되지 않으므로 원칙적으로 지출사실을 인정받을 수 없다. 다만, 복잡한 절차를 통해 다른 증빙으로 지출사실을 소명한 경우에는 비용 등으로는 인정되지만, 이 경우에도 매입세액 불공제, 가산세 등의 불이익은 발생한다.

(2) 법정지출증빙(적격증빙)

법인과 개인사업소득자가 다른 사업자로부터 건당 거래금액이 3만원(접대비는 1만원)을 초과하는 재화 또는 용역을 공급받고 그 대가를 지급한 경우에는 법정지출증빙(세금계산서, 계산서, 신용카드매출전표, 현금영수증 등)을 수취하여 5년간 보관하여야 한다.

(3) 비법정지출증빙(비적격증빙)

비법정지출증빙은 이름에서도 알 수 있듯이 법정지출증빙과 반대되는 개념으로 세법에서 인정해주지 않는 증빙을 말하며, 판매처와 구매처가 서로 물건을 주고받고 돈을 지불했다는 외부 거래사실을 증명해 주는 증빙을 의미한다. 법정지출증빙으로는 인정을 받지 못하나 세무조사 등 지출 사실에 대한 소명자료 요구 시에는 소명자료가 될 수 있으므로, 비법정지출증빙도 반드시 날짜별로 챙겨서 보관하여야 한다. 부가가치세법에서 규정하고 있는 3만원 이내 지출의 영수증을 제외한 거래명세서, 지출결의서, 입금표 등은 법정지출증빙이 아니므로 법적으로 양식이 정해져 있지 않다.

2. 법정지출증빙과 분개

(1) 세금계산서와 분개

(예제)

6월16일 에어컨을 도소매로 판매하는 두문백화점은 비스트전자로부터 아래의 세금계산서를 받고 보통예금에서 합계금액 13,200,000원을 이체하였다. 이 거래에 대한 분개를 하시오.

[별지 제11호 서식] (청색)

세 금 계 산 서 (공급받는자 보관용)	책번호	권	호
	일련번호		

공급자	등록번호				공급받는자	등록번호			
	상호(법인명)	비스트전자	성명	용문혁		상호(법인명)	두문백화점	성명	윤세문
	사업장 주소	서울시 용산구 한남동 9987번지				사업장 주소	서울시 강남구 신사동 1230번지		
	업태	제조	종목	전자제품		업태	도소매	종목	전자제품

작성			공급가액												세액										비고
년	월	일	공란수	백	십	억	천	백	십	만	천	백	십	일	십	억	천	백	십	만	천	백	십	일	
2016	6	15					1	2	0	0	0	0	0	0				1	2	0	0	0	0	0	

월	일	품목	규격	수량	단가	공급가액	세액	비고
6	15	에어컨	20평형	10대	1,200,000	12,000,000	1,200,000	

합계금액	현금	수표	어음	외상미수금	위 금액을	영수	함
13,200,000							

22226-28131일 '96.2.27 개정 182mm×128mm 인쇄용지

(풀이)

- 분 개 : (차변) 매입 12,000,000원 (대변) 보통예금 13,200,000원
  부가가치세대급금 1,200,000원
- 핵 심 : 공급가액은 3분법을 적용하여 "매입" 처리하고, 공급가액의 10%는 부가가치세이므로 세액을 보고 "부가가치세대급금"으로 처리한다.

(2) 신용카드 매출전표와 분개

(예제)

8월 16일 수원상사 영업부는 거래처 직원과 식사를 하고 회사카드로 결제하고 아래의 신용카드 매출전표를 받다.

카드매출전표
카드종류 : 삼성카드 회원번호 : 1111-2222-3333-1234 거래일시 : 20×1. 8. 16. 11:22 : 25 거래유형 : 신용승인 매　　출 : 90,000원 합　　계 : 90,000원 결제방법 : 일시불 승인번호 : 89662511
가맹점명 : 산성식당 - 이 하 생 략 -

(풀이)

- 분　　개 : (차변) 접대비　　90,000원　　(대변) 미지급금　　90,000원
- 핵　　심 : 거래처 직원과 식사비용은 "접대비"로 비용처리하고, 신용카드로 결제하면 통장에서 실제 대금 지급이 약속된 결제일에 이루어지므로 결제일 전까지는 "미지급금"으로 처리한다.

(3) 현금영수증과 분개

(예제)

관리부 직원들이 함께 식사를 하고 아래 현금영수증을 받아와 비용 처리해 주다.

산동식당		
607-34-31245		김길동
서울 성북구 동소문로 20 TEL 02-2241-1234		
홈페이지		
현금(지출증빙)		
구매 20×1/07/12/20:30　거래번호 : 0712-0113		
상품명	수량	금액
정식	4	60,000원
	-생략-	
합　계		60,000원
받은금액		60,000원

(풀이)

- 분　　개 : (차변) 복리후생비　　60,000원　　(대변) 현금　　60,000원
- 핵　　심 : 현금영수증은 "(현금)지출증빙"의 문구가 표시되어야 한다. "지출증빙"이 확인되므로 합계금액을 보고 "복리후생비"로 처리한다.

(4) (간이)영수증과 분개

(예제1)

10월 15일 서울상사는 사무실의 냉장고가 고장이 나서 이를 수리하고 현금으로 지급하고 아래의 (간이)영수증 받았다. (수익적 지출에 해당) 이 거래에 대한 분개를 하시오.

NO.	영 수 증 (공급받는자용)			
서울상사				귀하
공급자	사업자 등록번호	105-18-89246		
	상호	중앙가전	성명	하정백
	사업장 소재지	서울시 중랑구 15		
	업태	서비스업	종목	가전수리
작성일자		금액합계		비고
20X1. 10. 15.		₩30,000		
공급내역				
월/일	품명	수량	단가	금액
10. 15.	수리비			30,000
합계		₩30,000		
위 금액을 영수(청구)함				

(풀이)

- 분　　개 : (차변) 수선비　　30,000원　　(대변) 현금　　30,000원
- 핵　　심 : (간이)영수증은 3만원(접대비 1만원)을 초과할 수 없다. 따라서 합계금액이 3만원 이내이므로 법정지출증빙으로 인정하여 수취하며, 수익적지출에 해당하므로 "수선비" 처리한다.

기업회계 실전문제 1

1) 업무용 책상을 500,000원에 구입하고, 대금은 1개월 후에 지급하기로 하다.

구 분	차 변	대 변
분 개		

2) 상품권 700,000원을 발행하여 판매하고, 대금은 현금으로 받다.

구 분	차 변	대 변
분 개		

3) 보통예금계좌에 원인 불명의 금액 100,000원이 입금되었다.

구 분	차 변	대 변
분 개		

4) 사무실 임차료 100,000원을 현금으로 지급하다.

구 분	차 변	대 변
분 개		

5) 영업부 회식비 100,000원을 현금으로 지급하다.

구 분	차 변	대 변
분 개		

6) 불우이웃 돕기 성금으로 현금 100,000원을 기탁하다.

구 분	차 변	대 변
분 개		

7) 결산 시 현금과부족 계정 차변잔액 5,000원은 원인불명이다.

구 분	차 변	대 변
분 개		

8) 현금 70,000원을 거래처 백두상회로부터 3개월간 빌리다.

구 분	차 변	대 변
분 개		

9) 외상매출금 50,000원을 현금 회수하다.

구 분	차 변	대 변
분 개		

10) 급여 100,000원을 현금 지급하다.

구 분	차 변	대 변
분 개		

11) 원가 30,000원의 상품을 50,000원에 외상매출하다(분기법).

구 분	차 변	대 변
분 개		

12) 소유하고 있던 어음 70,000원을 만기일 이전에 은행에서 할인하고 할인료 10,000원을 제외한 금액이 당좌예금으로 입금되다.

구 분	차 변	대 변
분 개		

13) 단기차입금에 대한 원금 1,000,000원과 그 이자 100,000원을 현금으로 지급하다.

구 분	차 변	대 변
분 개		

14) 상품 300,000원을 매입하고, 대금은 현금 150,000원을 지급하고 잔액은 외상으로 하다(3분법).

구 분	차 변	대 변
분 개		

15) 외상매입금 500,000원과 미지급금 200,000원을 현금으로 지급하다.

구 분	차 변	대 변
분 개		

16) 취득원가 500,000원인 토지를 매각하고 현금 450,000원을 받다.

구 분	차 변	대 변
분 개		

17) 한라주식회사는 증자를 위하여 보통주 100주(액면 주당 5,000원)를 주당 6,000원에 발행하고, 납입금은 당좌 예입하다.

구 분	차 변	대 변
분 개		

18) (주)세상은 상품을 판매하고 받은 외상매출금을 10,000,000원을 은행에 양도하였다. 은행은 금융비용 500,000원을 제외한 잔액을 (주)세상의 보통예금에 입금처리 하였다. 단, 양수자인 은행에 외상매출금에 대한 모든 권리와 의무가 이전되었다.

구 분	차 변	대 변
분 개		

19) 현금 10,000,000원(주식수 : 10,000주, 액면가 @1,000원)을 출자하여 사업을 시작하다.

구 분	차 변	대 변
분 개		

20) 주당 1,100원(액면가 1,000원)에 5,000주를 유상증자하였다. 단, 신주발행비용 100,000원을 차감한 잔액이 당좌예금에 입금되었다.

구 분	차 변	대 변
분 개		

21) 원가 800,000원의 토지를 1,000,000원에 처분하고, 대금 중 650,000원은 현금으로 받고 나머지 잔액은 월말에 받기로 하였다.

구 분	차 변	대 변
분 개		

22) 영업용 기계를 400,000원에 외상으로 구입하다.

구 분	차 변	대 변
분 개		

23) 태풍으로 인하여 비품 장부가액 400,000원(취득원가 1,000,000원, 감가상각누계액 600,000원)이 소실되다.

구 분	차 변	대 변
분 개		

24) 한라상점에 현금 1,000,000원을 차용증서를 받고 6개월간 대여하여 주다.

구 분	차 변	대 변
분 개		

25) 한국(주)는 K승용차 1대를 계약하고, 계약금으로 현금 1,000,000원을 받다.

구 분	차 변	대 변
분 개		

26) 한국(주)는 5톤 화물차 3대를 30,000,000원에 12개월 무이자로 할부판매하다(상품거래는 3분법으로 회계처리함).

구 분	차 변	대 변
분 개		

27) 신축 중인 영업용 건물이 완공되어 인수하고, 공사비 잔액 10,000,000원을 수표를 발행하여 지급하다. 단, 지금까지 건물의 신축을 위하여 지급된 공사비는 3,000,000원이 있다.

구 분	차 변	대 변
분 개		

28) (주)서울은 5,000,000원에 특허권을 매입하고 특허등록비 100,000원을 현금으로 지급하였다(단, 내용연수 10년, 정액법으로 직접 상각함).

구 분	차 변	대 변
분 개		

29) 가구 제품을 판매하는 한국 가구점 사장은 본인의 가정에서 사용하기 위하여 책상과 의자 1조(판매가격 400,000원, 매입원가 320,000원)를 가져가다(단, 회계기간 중에 발생했음).

구 분	차 변	대 변
분 개		

30) 종업원의 경조사비로 현금 50,000원을 지급하다.

구 분	차 변	대 변
분 개		

31) 기업의 재산세 및 조합비 20,000원을 현금으로 지급하다.

구 분	차 변	대 변
분 개		

32) 사무실 임차료(당기분) 80,000원을 현금으로 지급하다.

구 분	차 변	대 변
분 개		

33) 단기매매증권(장부가액 100,000원)을 110,000원에 처분하고 현금 받다.

구 분	차 변	대 변
분 개		

34) 단기차입금에 대한 이자 5,000원을 현금으로 지급하다.

구 분	차 변	대 변
분 개		

35) 불우이웃돕기 성금으로 현금 30,000원을 방송사에 기탁하다.

구 분	차 변	대 변
분 개		

36) 당월분 전기요금 80,000원과 수도요금 32,000원을 현금으로 지급하다.

구 분	차 변	대 변
분 개		

37) 상품 300,000원을 외상으로 매입하고, 운임 3,000원은 현금으로 지급하다(상품거래는 3분법으로 회계처리함).

구 분	차 변	대 변
분 개		

38) 기중 소모품 600,000원을 대량 구매하고 자산계정으로 처리하였다. 결산시 사용분을 조사하니 150,000원이었다.

구 분	차 변	대 변
분 개		

기업회계 실전문제 2

1) 영업용 화물차를 400,000원에 구입하고, 대금은 약속어음을 발행하여 지급하다.

구 분	차 변	대 변
분 개		

2) 상품권 600,000원을 발행하여 판매하고, 대금은 자기앞수표로 받다.

구 분	차 변	대 변
분 개		

3) 당좌예금계좌에 원인 불명의 금액 50,000원이 입금되었다.

구 분	차 변	대 변
분 개		

4) 창고 사용료 70,000원을 당좌수표를 발행하여 지급하다.

구 분	차 변	대 변
분 개		

5) 공장 직원 회식비 90,000원을 법인신용카드로 결제하다.

구 분	차 변	대 변
분 개		

6) 소년소녀가장 돕기 성금으로 현금 60,000원을 기탁하다.

구 분	차 변	대 변
분 개		

7) 결산 시 현금과부족 계정 차변잔액 4,000원은 원인불명이다.

구 분	차 변	대 변
분 개		

8) 현금 55,000원을 거래처 청계상회로부터 5개월간 빌리고 차용증서를 주다.

구 분	차 변	대 변
분 개		

9) 외상매출금 40,000원을 당점발행 당좌수표로 회수하다.

구 분	차 변	대 변
분 개		

10) 직원 급여 75,000원을 당점 보통예금계좌에서 자동이체하여 지급하다.

구 분	차 변	대 변
분 개		

11) 원가 20,000원의 상품을 40,000원에 외상매출하다.(상품거래는 3분법으로 회계처리함)

구 분	차 변	대 변
분 개		

12) 소유하고 있던 어음 60,000원을 만기일 이전에 은행에서 할인하고 할인료 7,000원을 제외한 금액이 보통예금으로 입금되다.

구 분	차 변	대 변
분 개		

13) 단기차입금에 대한 원금 700,000원과 그 이자 60,000원을 당좌수표를 발행하여 지급하다.

구 분	차 변	대 변
분 개		

14) 상품 200,000원을 매입하고, 대금은 약속어음을 발행하여 120,000원을 지급하고 잔액은 외상으로 하다 (상품거래는 3분법으로 회계처리함)

구 분	차 변	대 변
분 개		

15) 외상매입금 400,000원과 미지급금 100,000원을 당좌수표를 발행하여 지급하다. 단, 당좌차월한도 500,000원의 계약을 거래은행과 맺고 있고 당좌예금 잔액은 150,000원이 있다.

구 분	차 변	대 변
분 개		

16) 취득원가 600,000원, 건물감가상각누계액 200,000원인 건물을 처분(매각)하고 타인발행 당좌수표 300,000원을 받다.

구 분	차 변	대 변
분 개		

17) 백두주식회사는 증자를 위하여 보통주 1,700주(액면 주당 500원)를 주당 470원에 발행하고, 납입금은 당좌 예입하다.

구 분	차 변	대 변
분 개		

18) (주)세상은 상품을 판매하고 발생한 외상매출금을 6,000,000원을 은행에 양도하였다. 은행은 금융비용 100,000원을 제외한 잔액을 (주)세상의 보통예금에 입금처리 하였다. 단, 양수자인 은행에 외상매출금에 대한 모든 권리와 의무가 이전되었다.

구 분	차 변	대 변
분 개		

19) 현금 5,000,000원(주식수 : 5,000주, 액면가 1,000원)을 출자하여 사업을 시작하다.

구 분	차 변	대 변
분 개		

20) 주당 750원(액면가 500원)에 5,000주를 유상증자하였다. 단, 신주발행비용 50,000원을 차감한 잔액이 당좌예금에 입금되었다.

구 분	차 변	대 변
분 개		

21) 원가 700,000원의 토지를 900,000원에 처분하고, 대금 중 500,000원은 현금으로 받고 나머지 잔액은 월말에 받기로 하였다.

구 분	차 변	대 변
분 개		

22) 업무용 컴퓨터를 700,000원에 외상으로 구입하다.

구 분	차 변	대 변
분 개		

23) 화재로 인하여 기계 장부가액 200,000원(취득원가 800,000원, 감가상각누계액 600,000원)이 소실되다.

구 분	차 변	대 변
분 개		

24) 창수상점에 현금 500,000원을 약속어음을 받고 6개월간 대여하여 주다.

구 분	차 변	대 변
분 개		

25) 서울(주)는 컴퓨터 10대를 계약하고, 계약금으로 현금 700,000원을 받다.

구 분	차 변	대 변
분 개		

26) 한서(주)는 1톤 화물차 2대를 10,000,000원에 12개월 무이자로 할부판매하다.(상품거래는 3분법으로 회계처리함)

구 분	차 변	대 변
분 개		

27) 자체 제작 중인 생산용 기계가 완성되어 인수하고, 제작비 잔액 7,000,000원을 수표를 발행하여 지급하다. 단, 지금까지 기계의 제작을 위하여 지급된 제작비용 2,000,000원이 있다.

구 분	차 변	대 변
분 개		

28) (주)서울은 3,000,000원에 특허권을 매입하고 특허등록비 100,000원을 현금으로 지급하였다(단, 내용연수 10년, 정액법으로 직접 상각함).

구 분	차 변	대 변
분 개		

29) 컴퓨터 제품을 판매하는 미래컴퓨터 사장은 본인의 가정에서 사용하기 위하여 컴퓨터 1대(판매가격 500,000원, 매입원가 430,000원)를 가져가다(단, 회계기간 중에 발생했음).

구 분	차 변	대 변
분 개		

30) 종업원 김길동 씨의 자녀 결혼축하금으로 현금 100,000원을 지급하다.

구 분	차 변	대 변
분 개		

31) 기업의 재산세 및 조합비 70,000원을 현금으로 지급하다.

구 분	차 변	대 변
분 개		

32) 창고 임차사용료(당기분) 30,000원을 현금으로 지급하다.

구 분	차 변	대 변
분 개		

33) 단기매매증권(장부가액 70,000원)을 60,000원에 처분하고 현금 받다.

구 분	차 변	대 변
분 개		

34) 단기차입금에 대한 이자 6,000원을 현금으로 지급하다.

구 분	차 변	대 변
분 개		

35) 장학금으로 현금 50,000원을 경복대학에 기탁하다.

구 분	차 변	대 변
분 개		

36) 당월분 전기요금 70,000원과 수도요금 21,000원을 현금으로 지급하다.

구 분	차 변	대 변
분 개		

37) 상품 200,000원을 외상으로 매입하고, 운임 1,000원은 현금으로 지급하다

구 분	차 변	대 변
분 개		

38) 기중 소모품 500,000원을 대량 구매하고 비용계정으로 처리하였다. 결산시 미사용분을 조사하니 120,000원이었다.

구 분	차 변	대 변
분 개		

전산회계 실전문제 1

1) 단기매매차익을 목적으로 소유하고 있는 (주)인강의 주식 300주를 1주당 5,500원(@장부가격 5,000원)에 매각 처분하고 대금은 매매수수료 20,000원을 차감한 후 현금으로 받다.

구 분	차 변	대 변
분 개		

2) 보통예금에서 5,000,000원을 정기예금으로 이체하였으며, 이때 보통예금에서 700원의 송금수수료가 인출되었다.

구 분	차 변	대 변
분 개		

3) 경복대학교에 의뢰한 신제품 개발에 따른 연구용역비 20,000,000원을 보통예금에서 인터넷뱅킹으로 이체하여 지급하였다(자산으로 회계처리 할 것).

구 분	차 변	대 변
분 개		

4) 건강보험료 종업원부담분 210,000원과 회사부담분 210,000원을 현금으로 납부하였다.

구 분	차 변	대 변
분 개		

5) (주)홍천에 대한 받을어음 30,000,000원이 만기가 도래하여 추심수수료 60,000원을 차감한 금액을 당좌예금에 입금하였다.

구 분	차 변	대 변
분 개		

6) 가수금 3,000,000원 중 1,000,000원은 (주)구례에 대한 제품매출의 계약금이고 나머지는 동사의 외상매출금을 회수한 것으로 판명되었다.

구 분	차 변	대 변
분 개		

7) 토지 150,000,000원을 기증받고, 토지에 대한 이전비용(취득부대비용) 5,000,000원은 당좌수표를 발행하여 지급하였다.

구 분	차 변	대 변
분 개		

8) 주민세 55,000원이 구청으로부터 부과되었으며, 법인카드인 국민카드로 납부하였다.

구 분	차 변	대 변
분 개		

9) 전기요금 400,000원이 보통예금 통장에서 자동 인출되었다.

구 분	차 변	대 변
분 개		

10) 창고에 보관 중인 제품 3,000,000원이 화재로 인하여 소실되었다(제품은 화재보험에 가입되어 있지 않다).

구 분	차 변	대 변
분 개		

11) 전국전자협의회 협회비 1,000,000원을 현금으로 지급하였다.

구 분	차 변	대 변
분 개		

12) 태풍으로 재난을 당한 불우이웃을 돕기 위하여 성금 3,000,000원을 관할 동사무소에 현금으로 기탁(지급)하였다.

구 분	차 변	대 변
분 개		

13) 결산시 소모품 잔액을 확인한 결과 100,000원이 남아있었다. 이는 회계기간 중 소모품으로 1,000,000원을 구입(소모품계정으로 처리)하였던 것이었다.

구 분	차 변	대 변
분 개		

14) 결산시 현금과부족 차변잔액 400,000원 중 320,000원은 직원 여비지급으로 판명되었고, 나머지 금액은 원인을 밝힐 수 없었다.

구 분	차 변	대 변
분 개		

15) 매출처 (주)한주에 대한 외상매출금 300,000원이 회수불가능하게 되어 전액 대손처리하였다. 단, 대손충당금 잔액 200,000원이 있다.

구 분	차 변	대 변
분 개		

16) 본사 차량에 대한 보험료는 지급시 모두 비용으로 처리하고 있다. 결산일 현재 미경과(차기분)보험료는 300,000원이다.

구 분	차 변	대 변
분 개		

17) 결산시 임직원에 대한 퇴직급여추계액(100% 설정)은 10,000,000원이고 설정전 퇴직급여충당부채 잔액은 3,500,000원이다.

구 분	차 변	대 변
분 개		

18) 주식 10,000주(액면가액 @5,000원)를 주당 4,000원에 발행하고 납입금은 전액 보통예금 계좌에 입금되었다. 신주발행비 2,000,000원은 전액 현금으로 지급하였다.

구 분	차 변	대 변
분 개		

19) 매출거래처인 (주)동대문에 선물을 하기 위해 갈비셋트 250,000원을 구입하고, 전액 신한카드로 결제하였다.

구 분	차 변	대 변
분 개		

20) (주)서동의 파산으로 동사에 10개월간 대여한 10,000,000원을 전액 대손처리하기로 하였다(대손충당금은 설정되어 있지 않다).

구 분	차 변	대 변
분 개		

<법인세와 부가가치세를 고려한 분개>

21) 원재료(2,000개, @5,000원 부가가치세 10% 별도)를 매입하고 세금계산서를 발급받았다. 대금 중 3,000,000원은 거래처로부터 받은 약속어음으로 지급하고 잔액은 외상으로 하다.

구 분	차 변	대 변
분 개		

22) 부산상사에 제품을 80,000,000원(부가가치세 별도)을 매출하고 세금계산서를 발행하였다. 대금은 계약금으로 받은 30,000,000원을 차감한 잔액을 외상으로 하였다.

구 분	차 변	대 변
분 개		

23) (주)노원에 빌려주었던 대여금에 대한 이자 1,000,000원에 대해 세금 250,000원을 제외한 금액이 당사의 보통예금에 입금되었다.

구 분	차 변	대 변
분 개		

24) 한국식당에서 영업부서의 회식을 하고 음식대금 880,000원(부가가치세 10% 포함)을 법인카드인 국민카드로 결제하였다(부가가치세 매입세액 공제요건 충족).

구 분	차 변	대 변
분 개		

25) 강남주유소에서 화물자동차 주유를 하고 주유대금 55,000원(부가가치세 포함)을 현금으로 결제하고 현금영주증을 받았다.

구 분	차 변	대 변
분 개		

26) 사용하던 기계를 20,000,000원(처분가에 대한 부가가치세 10% 별도)에 매각하고 대금 15,000,000원은 수표로 받고 잔액은 2달 후에 받기로 하다. 기계의 취득원가는 25,000,000원, 감가상각누계액은 5,000,000원이었다.

구 분	차 변	대 변
분 개		

27) 보유 중이던 트럭을 12,000,000원(부가가치세 별도)에 매각처분하고 세금계산서를 발행하였다(트럭의 취득가액은 20,000,000원이며, 감가상각누계액은 15,000,000원이다). 대금은 3,000,000원은 현금으로 받고 나머지는 외상으로 하다.

구 분	차 변	대 변
분 개		

전산회계 실전문제 2

1) 단기매매차익을 목적으로 소유하고 있는 (주)수도의 주식 200주를 1주당 5,300원(@장부가격 5,000원)에 매각처분하고 대금은 매매수수료 10,000원을 차감한 후 현금으로 받다.

구 분	차 변	대 변
분 개		

2) 보통예금에서 3,000,000원을 정기예금으로 이체하였으며, 이때 보통예금에서 500원의 송금수수료가 인출되었다.

구 분	차 변	대 변
분 개		

3) 국가기술연구소에 의뢰한 신제품 개발에 따른 연구용역비 10,000,000원을 보통예금에서 인터넷뱅킹으로 이체하여 지급하였다(자산으로 회계처리 할 것).

구 분	차 변	대 변
분 개		

4) 건강보험료 종업원부담분 150,000원과 회사부담분 150,000원을 현금으로 납부하였다.

구 분	차 변	대 변
분 개		

5) (주)진천에 대한 받을어음 10,000,000원이 만기가 도래하여 추심수수료 50,000원을 차감한 금액을 당좌예금에 입금하였다.

구 분	차 변	대 변
분 개		

6) 가수금 2,000,000원 중 700,000원은 (주)구례에 대한 제품매출의 계약금이고 나머지는 동사의 외상매출금을 회수한 것으로 판명되었다.

구 분	차 변	대 변
분 개		

7) 토지 10,000,000원을 기증받고, 토지에 대한 이전비용(취득부대비용) 700,000원은 당좌수표를 발행하여 지급하였다.

구 분	차 변	대 변
분 개		

8) 회사건물의 재산세 45,000원이 구청으로부터 부과되었으며, 법인카드인 국민카드로 납부하였다.

구 분	차 변	대 변
분 개		

9) 전기요금 300,000원이 보통예금 통장에서 자동 인출되었다.

구 분	차 변	대 변
분 개		

10) 창고에 보관 중인 원재료 2,000,000원이 화재로 인하여 소실되었다(단, 원재료는 화재보험에 가입되어 있지 않다).

구 분	차 변	대 변
분 개		

11) 대한상공회의소 회비 30,000원을 현금으로 지급하였다.

구 분	차 변	대 변
분 개		

12) 연말에 불우이웃을 돕기 위하여 성금 100,000원을 관할 방송국에 현금으로 기탁(지급)하였다.

구 분	차 변	대 변
분 개		

13) 회계기간 중 소모품으로 1,000,000원을 구입하여 소모품(자산)계정으로 처리하였었다. 결산시 소모품의 사용액을 확인한 결과 750,000원이다.

구 분	차 변	대 변
분 개		

14) 결산시 장부상 현금보다 실제현금이 10,000원이 부족하여 이를 정리하다.

구 분	차 변	대 변
분 개		

15) 매출처 (주)한일에 대한 외상매출금 200,000원이 회수불가능하게 되어 전액 대손처리 하였다. 단, 대손충당금 잔액 170,000원이 있다.

구 분	차 변	대 변
분 개		

16) 본사 건물에 대한 보험료는 지급시 모두 비용으로 처리하고 있다. 결산일 현재 미경과(차기분)보험료는 200,000원이다.

구 분	차 변	대 변
분 개		

17) 결산시 임직원에 대한 퇴직급여추계액(100% 설정)은 5,000,000원이고 설정전 퇴직급여추당부채 잔액은 3,000,000원이다.

구 분	차 변	대 변
분 개		

18) 주식 1,000주(액면가액 @5,000원)를 주당 4,500원에 발행하고 납입금은 전액 보통예금 계좌에 입금되었다. 신주발행비 100,000원은 전액 현금으로 지급하였다.

구 분	차 변	대 변
분 개		

19) 매출거래처인 (주)대아에 선물을 하기 위해 인삼세트 150,000원을 구입하고, 전액 신한카드로 결제하였다.

구 분	차 변	대 변
분 개		

20) (주)동신의 파산으로 동사에 6개월간 대여한 5,000,000원을 전액 대손처리하기로 하였다(대손충당금은 설정되어 있지 않다).

구 분	차 변	대 변
분 개		

<법인세와 부가가치세를 고려한 분개>

21) 원재료(1,000개, @500원 부가가치세 10% 별도)를 매입하고 세금계산서를 발급받았다. 대금 중 350,000원은 거래처로부터 받은 약속어음으로 지급하고 잔액은 당점 약속어음을 발행하여 지급하다.

구 분	차 변	대 변
분 개		

22) 경산상사에 상품을 7,000,000원(부가가치세 별도)을 매출하고 세금계산서를 발행하였다. 대금은 계약금으로 받은 2,000,000원을 차감한 잔액을 외상으로 하였다.

구 분	차 변	대 변
분 개		

23) (주)원일에 빌려 주었던 대여금에 대한 이자 500,000원에 대해 세금 70,000원을 제외한 금액이 당사의 보통예금에 입금되었다.

구 분	차 변	대 변
분 개		

24) 인천식당에서 영업부서의 회식을 하고 음식대금 770,000원(부가가치세 10% 포함)을 법인카드인 신한카드로 결제하였다(부가가치세 매입세액 공제요건 충족).

구 분	차 변	대 변
분 개		

25) 남산주유소에서 영업용 차량의 주유를 하고 주유대금 33,000원(부가가치세 포함)을 현금으로 결제하고 현금영수증을 받았다.

구 분	차 변	대 변
분 개		

26) 사용하던 비품을 10,000,000원(처분가에 대한 부가가치세 10% 별도)에 매각하고 대금 8,000,000원은 수표로 받고 잔액은 3달 후에 받기로 하다. 비품의 취득원가는 14,000,000원, 감가상각누계액은 3,000,000원 이었다.

구 분	차 변	대 변
분 개		

27) 보유 중이던 업무용 화물차를 3,000,000원(부가가치세 별도)에 매각처분하고 세금계산서를 발행하였다(업무용 화물차의 취득가액은 10,000,000원이며, 감가상각누계액은 8,000,000원이다). 대금은 1,500,000원은 현금으로 받고 나머지는 외상으로 하다.

구 분	차 변	대 변
분 개		

06

무작정 따라하기 해답편

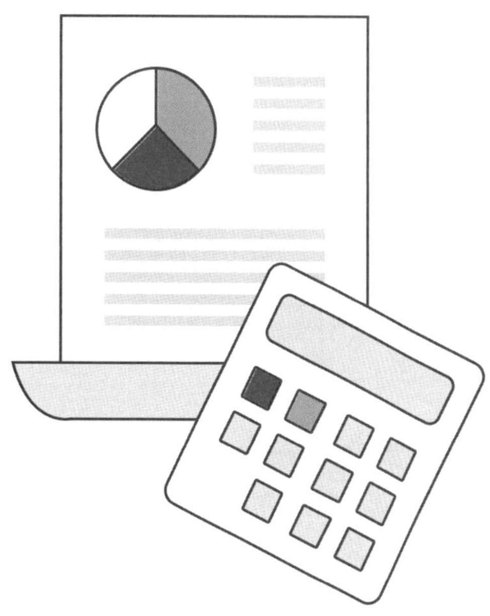

06 무작정 따라하기 해답편

무작정 따라하기 해답 1-1

1)

구 분	차 변		대 변	
분 개	상 품	7,600원	현 금	7,600원
거래요소	자산증가		자산감소	

2)

구 분	차 변		대 변	
분 개	비 품	6,400원	현 금	6,400원
거래요소	자산증가		자산감소	

3)

구 분	차 변		대 변	
분 개	차량운반구	5,500원	현 금	5,500원
거래요소	자산증가		자산감소	

4)

구 분	차 변		대 변	
분 개	건 물	6,100원	현 금	6,100원
거래요소	자산증가		자산감소	

5)

구 분	차 변		대 변	
분 개	기계장치	4,100원	현 금	4,100원
거래요소	자산증가		자산감소	

6)

구 분	차 변		대 변	
분 개	단기금융상품	2,500원	현 금	2,500원
거래요소	자산증가		자산감소	

7)

구 분	차 변		대 변	
분 개	단기매매증권	5,800원	현 금	5,800원
거래요소	자산증가		자산감소	

8)

구 분	차 변		대 변	
분 개	단기대여금	8,800원	현 금	8,800원
거래요소	자산증가		자산감소	

9)

구 분	차 변		대 변	
분 개	만기보유증권	9,200원	현 금	9,200원
거래요소	자산증가		자산감소	

10)

구 분	차 변		대 변	
분 개	매도가능증권	8,600원	현 금	8,600원
거래요소	자산증가		자산감소	

11)

구 분	차 변		대 변	
분 개	외상매출금	4,000원	상품	4,000원
거래요소	자산증가		자산감소	

12)

구 분	차 변		대 변	
분 개	받을어음	2,400원	상 품	2,400원
거래요소	자산증가		자산감소	

13)

구 분	차 변		대 변	
분 개	미수금	9,300원	비 품	9,300원
거래요소	자산증가		자산감소	

14)

구 분	차 변		대 변	
분 개	(어음)미수금	2,400원	차량운반구	2,400원
거래요소	자산증가		자산감소	

15)

구 분	차 변		대 변	
분 개	선급금	1,200원	현 금	1,200원
거래요소	자산증가		자산감소	

16)

구 분	차 변		대 변	
분 개	개발비	2,300원	현 금	2,300원
거래요소	자산증가		자산감소	

17)

구 분	차 변		대 변	
분 개	산업재산권(특허권)	1,400원	현 금	1,400원
거래요소	자산증가		자산감소	

18)

구 분	차 변		대 변	
분 개	임차보증금	6,200원	현 금	6,200원
거래요소	자산증가		자산감소	

1)

구 분	차 변	대 변
분 개		
거래요소		

무작정 따라하기 해답 1-2

1)

구 분	차 변		대 변	
분 개	단기금융상품	1,200원	현 금	1,200원

2)

구 분	차 변		대 변	
분 개	단기매매증권	3,500원	현 금	3,500원

3)

구 분	차 변		대 변	
분 개	단기대여금	6,500원	현 금	6,500원

4)

구 분	차 변		대 변	
분 개	만기보유증권	7,400원	현 금	7,400원

5)

구 분	차 변		대 변	
분 개	매도가능증권	6,300원	현 금	6,300원

6)

구 분	차 변		대 변	
분 개	외상매출금	2,700원	상 품	2,700원

7)

구 분	차 변		대 변	
분 개	받을어음	1,600원	상 품	1,600원

8)

구 분	차 변		대 변	
분 개	미수금	7,000원	비 품	7,000원

9)

구 분	차 변		대 변	
분 개	(어음)미수금	1,700원	차량운반구	1,700원

10)

구 분	차 변		대 변	
분 개	상 품	5,300원	현 금	5,300원

11)

구 분	차 변		대 변	
분 개	비 품	4,100원	현 금	4,100원

12)

구 분	차 변		대 변	
분 개	차량운반구	3,200원	현 금	3,200원

13)

구 분	차 변		대 변	
분 개	건 물	4,400원	현 금	4,400원

14)

구 분	차 변		대 변	
분 개	기계장치	2,100원	현 금	2,100원

15)

구 분	차 변		대 변	
분 개	선급금	1,100원	현 금	1,100원

16)

구 분	차 변		대 변	
분 개	개발비	1,800원	현 금	1,800원

17)

구 분	차 변		대 변	
분 개	산업재산권(특허권)	1,700원	현 금	1,700원

18)

구 분	차 변		대 변	
분 개	임차보증금	4,500원	현 금	4,500원

무작정 따라하기 해답 1-3

1)

구 분	차 변		대 변	
분 개	만기보유증권	4,300원	현 금	4,300원

2)

구 분	차 변		대 변	
분 개	외상매출금	5,900원	상 품	5,900원

3)

구 분	차 변		대 변	
분 개	단기금융상품	4,600원	현 금	4,600원

4)

구 분	차 변		대 변	
분 개	미수금	5,100원	비 품	5,100원

5)

구 분	차 변		대 변	
분 개	단기매매증권	6,800원	현 금	6,800원

6)

구 분	차 변		대 변	
분 개	상 품	2,600원	현 금	2,600원

7)

구 분	차 변		대 변	
분 개	단기대여금	3,200원	현 금	3,200원

8)

구 분	차 변		대 변	
분 개	매도가능증권	3,900원	현 금	3,900원

9)

구 분	차 변		대 변	
분 개	차량운반구	6,400원	현 금	6,400원

10)

구 분	차 변		대 변	
분 개	받을어음	4,100원	상 품	4,100원

11)

구 분	차 변		대 변	
분 개	선급금	2,100원	현 금	2,100원

12)

구 분	차 변		대 변	
분 개	(어음)미수금	3,900원	차량운반구	3,900원

13)

구 분	차 변		대 변	
분 개	비 품	1,400원	현 금	1,400원

14)

구 분	차 변		대 변	
분 개	산업재산권(특허권)	1,200원	현 금	1,200원

15)

구 분	차 변		대 변	
분 개	건 물	2,700원	현 금	2,700원

16)

구 분	차 변		대 변	
분 개	임차보증금	3,800원	현 금	3,800원

17)

구 분	차 변		대 변	
분 개	기계장치	5,200원	현 금	5,200원

18)

구 분	차 변		대 변	
분 개	개발비	3,500원	현 금	3,500원

무작정 따라하기 해답 2-1

1)

구 분	차 변		대 변	
분 개	상 품	3,900원	외상매입금	3,900원
거래요소	자산증가		부채증가	

2)

구 분	차 변		대 변	
분 개	상 품	4,400원	지급어음	4,400원
거래요소	자산증가		부채증가	

3)

구 분	차 변		대 변	
분 개	비 품	3,200원	미지급금	3,200원
거래요소	자산증가		부채증가	

4)

구 분	차 변		대 변	
분 개	비 품	4,700원	(어음)미지급금	4,700원
거래요소	자산증가		부채증가	

5)

구 분	차 변		대 변	
분 개	현 금	1,500원	선수금	1,500원
거래요소	자산증가		부채증가	

6)

구 분	차 변		대 변	
분 개	현 금	3,700원	단기차입금	3,700원
거래요소	자산증가		부채증가	

7)

구 분	차 변		대 변	
분 개	현 금	1,800원	예수금	1,800원
거래요소	자산증가		부채증가	

8)

구 분	차 변		대 변	
분 개	당좌예금	2,900원	가수금	2,900원
거래요소	자산증가		부채증가	

9)

구 분	차 변		대 변	
분 개	현 금	5,000원	자본금	5,000원
거래요소	자산증가		자본증가	

10)

구 분	차 변		대 변	
분 개	차량운반구	1,400원	자본금	1,400원
거래요소	자산증가		자본증가	

11)

구 분	차 변		대 변	
분 개	현 금	2,600원	수수료수익	2,600원
거래요소	자산증가		수익발생	

12)

구 분	차 변		대 변	
분 개	현 금	2,100원	이자수익	2,100원
거래요소	자산증가		수익발생	

13)

구 분	차 변		대 변	
분 개	현 금	1,900원	배당금수익	1,900원
거래요소	자산증가		수익발생	

14)

구 분	차 변		대 변	
분 개	현 금	4,600원	임대료	4,600원
거래요소	자산증가		수익발생	

15)

구 분	차 변		대 변	
분 개	현 금	6,800원	자산수증이익	6,800원
거래요소	자산증가		수익발생	

무작정 따라하기 해답 2-2

1)

구 분	차 변		대 변	
분 개	현 금	6,000원	자본금	6,000원

2)

구 분	차 변		대 변	
분 개	차량운반구	2,400원	자본금	2,400원

3)

구 분	차 변		대 변	
분 개	상 품	4,900원	외상매입금	4,900원

4)

구 분	차 변		대 변	
분 개	상 품	5,400원	지급어음	5,400원

5)

구 분	차 변		대 변	
분 개	비 품	5,300원	미지급금	5,300원

6)

구 분	차 변		대 변	
분 개	비 품	5,800	(어음)미지급금	5,800원

7)

구 분	차 변		대 변	
분 개	현 금	1,600원	선수금	1,600원

8)

구 분	차 변		대 변	
분 개	현 금	4,800원	단기차입금	4,800원

9)

구 분	차 변		대 변	
분 개	현 금	2,000원	예수금	2,000원

10)

구 분	차 변		대 변	
분 개	당좌예금	3,700원	가수금	3,700원

11)

구 분	차 변		대 변	
분 개	현 금	3,500원	수수료수익	3,500원

12)

구 분	차 변		대 변	
분 개	현 금	3,000원	이자수익	3,000원

13)

구 분	차 변		대 변	
분 개	현 금	2,600원	배당금수익	2,600원

14)

구 분	차 변		대 변	
분 개	현 금	5,300원	임대료	5,300원

15)

구 분	차 변		대 변	
분 개	현 금	7,900원	자산수증이익	7,900원

무작정 따라하기 해답 2-3

1)

구 분	차 변		대 변	
분 개	상 품	7,700원	지급어음	7,700원

2)

구 분	차 변		대 변	
분 개	현 금	8,500원	자본금	8,500원

3)

구 분	차 변		대 변	
분 개	비 품	7,900원	(어음)미지급금	7,900원

4)

구 분	차 변		대 변	
분 개	차량운반구	3,300원	자본금	3,300원

5)

구 분	차 변		대 변	
분 개	비 품	6,300원	미지급금	6,300원

6)

구 분	차 변		대 변	
분 개	상 품	6,400원	외상매입금	6,400원

7)

구 분	차 변		대 변	
분 개	현 금	2,800원	선수금	2,800원

8)

구 분	차 변		대 변	
분 개	현 금	2,600원	예수금	2,600원

9)

구 분	차 변		대 변	
분 개	현 금	2,100원	수수료수익	2,100원

10)

구 분	차 변		대 변	
분 개	현 금	6,000원	단기차입금	6,000원

11)

구 분	차 변		대 변	
분 개	보통예금	5,600원	가수금	5,600원

12)

구 분	차 변		대 변	
분 개	현 금	9,100원	자산수증이익	9,100원

13)

구 분	차 변		대 변	
분 개	현 금	7,200원	임대료	7,200원

14)

구 분	차 변		대 변	
분 개	현 금	1,700원	이자수익	1,700원

15)

구 분	차 변		대 변	
분 개	현 금	1,900원	배당금수익	1,900원

무작정 따라하기 해답 3-1

1)

구 분	차 변		대 변	
분 개	단기차입금	4,100원	현 금	4,100원
거래요소	부채감소		자산감소	

2)

구 분	차 변		대 변	
분 개	외상매입금	6,300원	현 금	6,300원
거래요소	부채감소		자산감소	

3)

구 분	차 변		대 변	
분 개	지급어음	3,400원	당좌예금	3,400원
거래요소	부채감소		자산감소	

4)

구 분	차 변		대 변	
분 개	선수금	3,100원	상 품	3,100원
거래요소	부채감소		자산감소	

5)

구 분	차 변		대 변	
분 개	미지급금	4,200원	당좌예금	4,200원
거래요소	부채감소		자산감소	

6)

구 분	차 변		대 변	
분 개	예수금	2,400원	현 금	2,400원
거래요소	부채감소		자산감소	

7)

구 분	차 변		대 변	
분 개	외상매입금	8,200원	지급어음	8,200원
거래요소	부채감소		부채증가	

8)

구 분	차 변		대 변	
분 개	미지급금	3,500원	어음미지급금	3,500원
거래요소	부채감소		부채증가	

9)

구 분	차 변		대 변	
분 개	단기차입금	4,400원	어음차입금	4,400원
거래요소	부채감소		부채증가	

10)

구 분	차 변		대 변	
분 개	사 채	9,700원	자본금	9,700원
거래요소	부채감소		자본증가	

11)

구 분	차 변		대 변	
분 개	단기차입금	7,700원	채무면제이익	7,700원
거래요소	부채감소		수익발생	

12)

구 분	차 변		대 변	
분 개	인출금(자본금)	3,500원	현 금	3,500원
거래요소	자본감소		자산감소	

13)

구 분	차 변		대 변	
분 개	자본금	3,200원	장기차입금	3,200원
거래요소	자본감소		부채증가	

14)

구 분	차 변		대 변	
분 개	자본잉여금	4,800원	자본금	4,800원
거래요소	자본감소		자본증가	

무작정 따라하기 해답 3-2

1)

구 분	차 변		대 변	
분 개	외상매입금	9,400원	지급어음	9,400원

2)

구 분	차 변		대 변	
분 개	미지급금	4,700원	어음미지급금	4,700원

3)

구 분	차 변		대 변	
분 개	단기차입금	5,600원	어음차입금	5,600원

4)

구 분	차 변		대 변	
분 개	사 채	7,300원	자본금	7,300원

5)

구 분	차 변		대 변	
분 개	단기차입금	5,300원	현 금	5,300원

6)

구 분	차 변		대 변	
분 개	외상매입금	7,500원	현 금	7,500원

7)

구 분	차 변		대 변	
분 개	지급어음	4,700원	당좌예금	4,700원

8)

구 분	차 변		대 변	
분 개	선수금	5,300원	상 품	5,300원

9)

구 분	차 변		대 변	
분 개	미지급금	6,400원	당좌예금	6,400원

10)

구 분	차 변		대 변	
분 개	예수금	3,700원	현 금	3,700원

11)

구 분	차 변		대 변	
분 개	난기차입금	9,900원	채무면제이익	9,900원

12)

구 분	차 변		대 변	
분 개	인출금(자본금)	4,700원	현 금	4,700원

13)

구 분	차 변		대 변	
분 개	자본금	4,600원	장기차입금	4,600원

14)

구 분	차 변		대 변	
분 개	자본잉여금	5,900원	자본금	5,900원

무작정 따라하기 해답 3-3

1)

구 분	차 변		대 변	
분 개	단기차입금	6,300원	어음차입금	6,300원

2)

구 분	차 변		대 변	
분 개	외상매입금	2,600원	지급어음	2,600원

3)

구 분	차 변		대 변	
분 개	사채	9,600원	자본금	9,600원

4)

구 분	차 변		대 변	
분 개	미지급금	6,900원	어음미지급금	6,900원

5)

구 분	차 변		대 변	
분 개	단기차입금	7,800원	현 금	7,800원

6)

구 분	차 변		대 변	
분 개	지급어음	6,100원	당좌예금	6,100원

7)

구 분	차 변		대 변	
분 개	외상매입금	4,200원	현 금	4,200원

8)

구 분	차 변		대 변	
분 개	자본금	2,200원	장기차입금	2,200원

9)

구 분	차 변		대 변	
분 개	예수금	2,900원	현 금	2,900원

10)

구 분	차 변		대 변	
분 개	자본잉여금	3,700원	자본금	3,700원

11)

구 분	차 변		대 변	
분 개	선수금	7,600원	상 품	7,600원

12)

구 분	차 변		대 변	
분 개	인출금(자본금)	6,800원	현 금	6,800원

13)

구 분	차 변		대 변	
분 개	미지급금	8,700원	당좌예금	8,700원

14)

구 분	차 변		대 변	
분 개	단기차입금	3,200원	채무면제이익	3,200원

무작정 따라하기 해답 4-1

1)

구 분	차 변		대 변	
분 개	급 여	8,900원	현 금	8,900원
거래요소	비용발생		자산감소	

2)

구 분	차 변		대 변	
분 개	복리후생비	3,000원	현 금	3,000원
거래요소	비용발생		자산감소	

3)

구 분	차 변		대 변	
분 개	임차료	2,900원	당좌예금	2,900원
거래요소	비용발생		자산감소	

4)

구 분	차 변		대 변	
분 개	접대비	7,000원	현 금	7,000원
거래요소	비용발생		자산감소	

5)

구 분	차 변		대 변	
분 개	세금과공과	4,700원	현 금	4,700원
거래요소	비용발생		자산감소	

6)

구 분	차 변		대 변	
분 개	광고선전비	8,200원	현 금	8,200원
거래요소	비용발생		자산감소	

7)

구 분	차 변		대 변	
분 개	여비교통비	2,600원	현 금	2,600원
거래요소	비용발생		자산감소	

8)

구 분	차 변		대 변	
분 개	통신비	7,400원	현 금	7,400원
거래요소	비용발생		자산감소	

9)

구 분	차 변		대 변	
분 개	수도광열비	2,800원	현 금	2,800원
거래요소	비용발생		자산감소	

10)

구 분	차 변		대 변	
분 개	보험료	2,300원	현 금	2,300원
거래요소	비용발생		자산감소	

11)

구 분	차 변		대 변	
분 개	수선비	4,200원	현 금	4,200원
거래요소	비용발생		자산감소	

12)

구 분	차 변		대 변	
분 개	차량유지비	2,700원	현 금	2,700원
거래요소	비용발생		자산감소	

13)

구 분	차 변		대 변	
분 개	수수료비용	7,700원	현 금	7,700원
거래요소	비용발생		자산감소	

14)

구 분	차 변		대 변	
분 개	소모품비	3,100원	현 금	3,100원
거래요소	비용발생		자산감소	

15)

구 분	차 변		대 변	
분 개	잡 비	6,500원	현 금	6,500원
거래요소	비용발생		자산감소	

16)

구 분	차 변		대 변	
분 개	이자비용	4,300원	당좌예금	4,300원
거래요소	비용발생		자산감소	

17)

구 분	차 변		대 변	
분 개	기부금	6,000원	현 금	6,000원
거래요소	비용발생		자산감소	

18)

구 분	차 변		대 변	
분 개	재해손실	2,300원	비 품	2,300원
거래요소	비용발생		자산감소	

19)

구 분	차 변		대 변	
분 개	복리후생비	6,000원	미지급금	6,000원
거래요소	비용발생		부채증가	

무작정 따라하기 해답 4-2

1)

구 분	차 변		대 변	
분 개	광고선전비	7,800원	현 금	7,800원

2)

구 분	차 변		대 변	
분 개	여비교통비	2,100원	현 금	2,100원

3)

구 분	차 변		대 변	
분 개	통신비	6,900원	현 금	6,900원

4)

구 분	차 변		대 변	
분 개	수도광열비	2,300원	현 금	2,300원

5)

구 분	차 변		대 변	
분 개	보험료	1,800원	현 금	1,800원

6)

구 분	차 변		대 변	
분 개	급 여	8,400원	현 금	8,400원

7)

구 분	차 변		대 변	
분 개	복리후생비	2,500원	현 금	2,500원

8)

구 분	차 변		대 변	
분 개	임차료	2,400원	당좌예금	2,400원

9)

구 분	차 변		대 변	
분 개	접대비	6,500원	현 금	6,500원

10)

구 분	차 변		대 변	
분 개	세금과공과	4,200원	현 금	4,200원

11)

구 분	차 변		대 변	
분 개	이자비용	3,800원	당좌예금	3,800원

12)

구 분	차 변		대 변	
분 개	기부금	5,000원	현 금	5,000원

13)

구 분	차 변		대 변	
분 개	재해손실	1,800원	비 품	1,800원

14)

구 분	차 변		대 변	
분 개	복리후생비	5,000원	미지급금	5,500원

15)

구 분	차 변		대 변	
분 개	수선비	3,700원	현 금	3,700원

16)

구 분	차 변		대 변	
분 개	차량유지비	2,300원	현 금	2,300원

17)

구 분	차 변		대 변	
분 개	수수료비용	7,200원	현 금	7,200원

18)

구 분	차 변		대 변	
분 개	소모품비	2,600원	현 금	2,600원

19)

구 분	차 변		대 변	
분 개	잡비	5,100원	현 금	5,100원

무작정 따라하기 해답 4-3

1)

구 분	차 변		대 변	
분 개	광고선전비	6,900원	현 금	6,900원

2)

구 분	차 변		대 변	
분 개	여비교통비	1,200원	현 금	1,200원

3)

구 분	차 변		대 변	
분 개	통신비	6,000원	현 금	6,000원

4)

구 분	차 변		대 변	
분 개	수도광열비	1,400원	현 금	1,400원

5)

구 분	차 변		대 변	
분 개	보험료	1,900원	현 금	1,900원

6)

구 분	차 변		대 변	
분 개	급 여	7,100원	현 금	7,100원

7)

구 분	차 변		대 변	
분 개	복리후생비	1,000원	현 금	1,000원

8)

구 분	차 변		대 변	
분 개	임차료	1,500원	당좌예금	1,500원

9)

구 분	차 변		대 변	
분 개	접대비	6,000원	현 금	6,000원

10)

구 분	차 변		대 변	
분 개	세금과공과	3,700원	현 금	3,700원

11)

구 분	차 변		대 변	
분 개	이자비용	2,300원	당좌예금	2,300원

12)

구 분	차 변		대 변	
분 개	기부금	4,000원	현 금	4,000원

13)

구 분	차 변		대 변	
분 개	재해손실	9,800원	비 품	9,800원

14)

구 분	차 변		대 변	
분 개	접대비	6,600원	미지급금	6,600원

15)

구 분	차 변		대 변	
분 개	수선비	2,800원	현 금	2,800원

16)

구 분	차 변		대 변	
분 개	차량유지비	1,400원	현 금	1,400원

17)

구 분	차 변		대 변	
분 개	수수료비용	6,300원	현 금	6,300원

18)

구 분	차 변		대 변	
분 개	소모품비	1,700원	현 금	1,700원

19)

구 분	차 변		대 변	
분 개	잡 비	4,200원	현 금	4,200원

종합문제 해답

1)

구 분	차 변		대 변	
분 개	현 금	9,400원	자본금	9,400원

2)

구 분	차 변		대 변	
분 개	상 품	6,300원	외상매입금	6,300원

3)

구 분	차 변		대 변	
분 개	기부금	4,200원	현 금	4,200원

4)

구 분	차 변		대 변	
분 개	현 금	7,400원	단기차입금	7,400원

5)

구 분	차 변		대 변	
분 개	단기금융상품	3,800원	현 금	3,800원

6)

구 분	차 변		대 변	
분 개	차량운반구	7,300원	미지급금	7,300원

7)

구 분	차 변		대 변	
분 개	받을어음	5,800원	상 품	5,800원

8)

구 분	차 변		대 변	
분 개	선급금	1,900원	현 금	1,900원

9)

구 분	차 변		대 변	
분 개	만기보유증권	5,300원	현 금	5,300원

10)

구 분	차 변		대 변	
분 개	재해손실	8,800원	건 물	8,800원

11)

구 분	차 변		대 변	
분 개	미수금	6,900원	비 품	6,900원

12)

구 분	차 변		대 변	
분 개	외상매출금	4,200원	상 품	4,200원

13)

구 분	차 변		대 변	
분 개	(어음)미수금	4,800원	차량운반구	4,800원

14)

구 분	차 변		대 변	
분 개	상 품	8,600원	지급어음	8,600원

15)

구 분	차 변		대 변	
분 개	비 품	6,900원	미지급금	6,900원

16)

구 분	차 변		대 변	
분 개	기계장치	7,300원	미지급금	7,300원

17)

구 분	차 변		대 변	
분 개	현 금	3,700원	선수금	3,700원

18)

구 분	차 변		대 변	
분 개	산업재산권(특허권)	3,100원	현 금	3,100원

19)

구 분	차 변		대 변	
분 개	단기매매증권	7,700원	현 금	7,700원

20)

구 분	차 변		대 변	
분 개	상 품	3,500원	현 금	3,500원

21)

구 분	차 변		대 변	
분 개	비 품	4,200원	자본금	4,200원

22)

구 분	차 변		대 변	
분 개	임차보증금	4,700원	현 금	4,700원

23)

구 분	차 변		대 변	
분 개	외상매입금	3,800원	지급어음	3,800원

24)

구 분	차 변		대 변	
분 개	단기대여금	4,100원	현 금	4,100원

25)

구 분	차 변		대 변	
분 개	비 품	7,200원	어음미지급금	7,200원

26)

구 분	차 변		대 변	
분 개	매도가능증권	2,800원	현 금	2,800원

27)

구 분	차 변		대 변	
분 개	현 금	2,700원	임대료	2,700원

28)

구 분	차 변		대 변	
분 개	현 금	2,700원	이자수익	2,700원

29)

구 분	차 변		대 변	
분 개	단기차입금	7,400원	어음차입금	7,400원

30)

구 분	차 변		대 변	
분 개	보통예금	6,700원	가수금	6,700원

31)

구 분	차 변		대 변	
분 개	현 금	8,100원	자산수증이익	8,100원

32)

구 분	차 변		대 변	
분 개	건 물	3,600원	현 금	3,600원

33)

구 분	차 변		대 변	
분 개	현 금	2,900원	예수금	2,900원

34)

구 분	차 변		대 변	
분 개	현 금	3,200원	수수료수익	3,200원

35)

구 분	차 변		대 변	
분 개	현 금	2,800원	배당금수익	2,800원

36)

구 분	차 변		대 변	
분 개	사채	8,600원	자본금	8,600원

37)

구 분	차 변		대 변	
분 개	접대비	6,400원	현 금	6,400원

38)

구 분	차 변		대 변	
분 개	미지급금	7,900원	어음미지급금	7,900원

39)

구 분	차 변		대 변	
분 개	예수금	3,900원	현 금	3,900원

40)

구 분	차 변		대 변	
분 개	소모품비	2,700원	현 금	2,700원

41)

구 분	차 변		대 변	
분 개	자본잉여금	4,700원	자본금	4,700원

42)

구 분	차 변		대 변	
분 개	지급어음	7,100원	당좌예금	7,100원

43)

구 분	차 변		대 변	
분 개	외상매입금	5,200원	현 금	5,200원

44)

구 분	차 변		대 변	
분 개	수수료비용	7,300원	현 금	7,300원

45)

구 분	차 변		대 변	
분 개	자본금	3,200원	장기차입금	3,200원

46)

구 분	차 변		대 변	
분 개	수선비	3,800원	현 금	3,800원

47)

구 분	차 변		대 변	
분 개	차량유지비	2,400원	현 금	2,400원

48)

구 분	차 변		대 변	
분 개	선수금	8,600원	상 품	8,600원

49)

구 분	차 변		대 변	
분 개	인출금(자본금)	7,800원	현 금	7,800원

50)

구 분	차 변		대 변	
분 개	단기차입금	6,800원	현 금	6,800원

51)

구 분	차 변		대 변	
분 개	광고선전비	7,900원	현 금	7,900원

52)

구 분	차 변		대 변	
분 개	급 여	8,100원	현 금	8,100원

53)

구 분	차 변		대 변	
분 개	세금과공과	4,700원	현 금	4,700원

54)

구 분	차 변		대 변	
분 개	이자비용	3,400원	당좌예금	3,400원

55)

구 분	차 변		대 변	
분 개	통신비	6,100원	현 금	6,100원

56)

구 분	차 변		대 변	
분 개	수도광열비	1,600원	현 금	1,600원

57)

구 분	차 변		대 변	
분 개	보험료	2,900원	현 금	2,900원

58)

구 분	차 변		대 변	
분 개	임차료	2,500원	당좌예금	2,500원

59)

구 분	차 변		대 변	
분 개	복리후생비	2,000원	현 금	2,000원

60)

구 분	차 변		대 변	
분 개	여비교통비	2,200원	현 금	2,200원

61)

구 분	차 변		대 변	
분 개	접대비	9,600원	미지급금	9,600원

62)

구 분	차 변		대 변	
분 개	미지급금	9,700원	당좌예금	9,700원

63)

구 분	차 변		대 변	
분 개	잡 비	5,200원	현 금	5,200원

64)

구 분	차 변		대 변	
분 개	단기차입금	4,200원	채무면제이익	4,200원

65)

구 분	차 변		대 변	
분 개	개발비	4,400원	현 금	4,400원

66)

구 분	차 변		대 변	
분 개	비 품	2,300원	현 금	2,300원

무작정 따라하기 해답 5-1

1. 1)

구 분	차 변		대 변	
분 개	현 금	3,000원	상 품	3,000원

1. 2)

구 분	차 변		대 변	
분 개	상 품	2,700원	현 금	2,700원

2. 1)

구 분	차 변		대 변	
분 개	현금과부족	900원	현 금	900원

2. 2)

구 분	차 변		대 변	
분 개	이자비용	800원	현금과부족	800원

2. 3)

구 분	차 변		대 변	
분 개	잡손실	100원	현금과부족	100원

3. 1)

구 분	차 변		대 변	
분 개	현 금	700원	현금과부족	700원

3. 2)

구 분	차 변		대 변	
분 개	현금과부족	500원	이자수익	500원

3. 3)

구 분	차 변		대 변	
분 개	현금과부족	200원	잡이익	200원

4. 1)

구 분	차 변		대 변	
분 개	당좌예금	2,300원	현 금	2,300원

4. 2)

구 분	차 변		대 변	
분 개	비 품	1,800원	당좌예금	1,800원

4. 3)

구 분	차 변		대 변	
분 개	상 품	2,600원	당좌예금 당좌차월(단기차입금)	500원 2,100원

4. 4)

구 분	차 변		대 변	
분 개	당좌차월 당좌예금	2,100원 1,400원	수수료수익	3,500원

무작정 따라하기 해답 5-2

1. 1)

구 분	차 변		대 변	
분 개	현 금	3,700원	상 품	3,700원

1. 2)

구 분	차 변		대 변	
분 개	상 품	3,600원	현 금	3,600원

2. 1)

구 분	차 변		대 변	
분 개	현금과부족	400원	현 금	400원

2. 2)

구 분	차 변		대 변	
분 개	수수료비용	300원	현금과부족	300원

2. 3)

구 분	차 변		대 변	
분 개	잡손실	100원	현금과부족	100원

3. 1)

구 분	차 변		대 변	
분 개	현 금	700원	현금과부족	700원

3. 2)

구 분	차 변		대 변	
분 개	현금과부족	400원	임대료	400원

3. 3)

구 분	차 변		대 변	
분 개	현금과부족	300원	잡이익	300원

4. 1)

구 분	차 변		대 변	
분 개	당좌예금	3,200원	현 금	3,200원

4. 2)

구 분	차 변		대 변	
분 개	비 품	2,600원	당좌예금	2,600원

4. 3)

구 분	차 변		대 변	
분 개	상 품	3,700원	당좌예금 당좌차월	600원 3,100

4. 4)

구 분	차 변		대 변	
분 개	당좌차월 당좌예금	3,100원 900원	수수료수익	4,000원

무작정 따라하기 해답 6-1

1\. 1)

구 분	차 변		대 변	
분 개	단기금융상품	1,200원	현 금	1,200원

1\. 2)

구 분	차 변		대 변	
분 개	현 금	1,350원	단기금융상품	1,200원
			이자수익	150원

2\. 1)

구 분	차 변		대 변	
분 개	단기매매증권	2,400	현 금	2,560원
	수수료비용	160원		

2\. 2)

구 분	차 변		대 변	
분 개	현 금	3,000원	단기매매증권	2,400원
			단기매매증권처분이익	600원

2\. 3)

구 분	차 변		대 변	
분 개	현 금	2,000원	단기매매증권	2,400원
	단기매매증권처분손실	400원		

3\. 1)

구 분	차 변		대 변	
분 개	단기매매증권	2,000원	단기매매증권평가이익	2,000원

3\. 2)

구 분	차 변		대 변	
분 개	단기매매증권평가손실	1,500원	단기매매증권	1,500원

3\. 3)

구 분	차 변		대 변	
분 개	현 금	1,300원	이자수익	1,300원

3\. 4)

구 분	차 변		대 변	
분 개	현 금	1,700원	배당금수익	1,700원

무작정 따라하기 해답 6-2

1\. 1)

구 분	차 변		대 변	
분 개	단기금융상품	1,700원	현 금	1,700원

1\. 2)

구 분	차 변		대 변	
분 개	현 금	1,900원	단기금융상품	1,700원
			이자수익	200원

2\. 1)

구 분	차 변		대 변	
분 개	단기매매증권	3,600원	현 금	3,800원
	수수료비용	200원		

2\. 2)

구 분	차 변		대 변	
분 개	현 금	4,000원	단기매매증권	3,600원
			단기매매증권처분이익	400원

2\. 3)

구 분	차 변		대 변	
분 개	현 금	3,000원	단기매매증권	3,600원
	단기매매증권처분손실	600원		

3\. 1)

구 분	차 변		대 변	
분 개	단기매매증권	1,500원	단기매매증권평가이익	1,500원

3\. 2)

구 분	차 변		대 변	
분 개	단기매매증권평가손실	1,800원	단기매매증권	1,800원

3\. 3)

구 분	차 변		대 변	
분 개	현 금	2,400원	이자수익	2,400원

3\. 4)

구 분	차 변		대 변	
분 개	현 금	2,800원	배당금수익	2,800원

무작정 따라하기 해답 7-1

1. 1)

구 분	차 변		대 변	
분 개	상 품	2,400원	외상매입금	2,000원
			현 금	400원

1. 2)

구 분	차 변		대 변	
분 개	외상매입금	400원	상 품	400원

1. 3)

구 분	차 변		대 변	
분 개	외상매출금	3,500원	상 품	2,000원
			상품매출이익	1,500원

1. 4)

구 분	차 변		대 변	
분 개	상 품	200원	외상매출금	350원
	상품매출이익	150원		

2. 1)

구 분	차 변		대 변	
분 개	매 입	2,400원	외상매입금	2,000원
			현 금	400원

2. 2)

구 분	차 변		대 변	
분 개	외상매입금	400원	매 입	400원

2. 3)

구 분	차 변		대 변	
분 개	외상매출금	3,500원	매 출	3,500원

2. 4)

구 분	차 변		대 변	
분 개	매 출	350원	외상매출금	350원

무작정 따라하기 해답 7-2

1. 1)

구 분	차 변		대 변	
분 개	상 품	4,500원	외상매입금	4,000원
			현 금	500원

1. 2)

구 분	차 변		대 변	
분 개	외상매입금	500원	상 품	500원

1. 3)

구 분	차 변		대 변	
분 개	외상매출금	4,800원	상 품	4,000원
			상품매출이익	800원

1. 4)

구 분	차 변		대 변	
분 개	상 품	400원	외상매출금	480원
	상품매출이익	80원		

2. 1)

구 분	차 변		대 변	
분 개	매 입	4,500원	외상매입금	4,000원
			현 금	500원

2. 2)

구 분	차 변		대 변	
분 개	외상매입금	400원	매 입	400원

2. 3)

구 분	차 변		대 변	
분 개	외상매출금	4,800원	매 출	4,800원

2. 4)

구 분	차 변		대 변	
분 개	매 출	480원	외상매출금	480원

무작정 따라하기 해답 8-1

1. 1)

구 분	차 변		대 변	
분 개	매 입	2,100원	외상매입금	2,100원

1. 2)

구 분	차 변		대 변	
분 개	외상매출금	3,000원	매 출	3,000원

2. 1)

구 분	차 변		대 변	
분 개	받을어음	5,200	매 출	5,200원

2. 2)

구 분	차 변		대 변	
분 개	현 금	200원	받을어음	200원

2. 3)

구 분	차 변		대 변	
분 개	기계장치	3,000원	받을어음	3,000원

2. 4)

구 분	차 변		대 변	
분 개	현 금 매출채권처분손실	1,800원 200원	받을어음	2,000원

2. 5)

구 분	차 변		대 변	
분 개	매 입	6,300원	지급어음	6,300원

2. 6)

구 분	차 변		대 변	
분 개	지급어음	6,300원	현 금	6,300원

3. 1)

구 분	차 변		대 변	
분 개	매 입	4,900원	외상매출금	4,900원

3. 2)

구 분	차 변		대 변	
분 개	외상매입금	4,900원	지급어음	4,900원

4. 1)

구 분	차 변		대 변	
분 개	어음대여금	6,500원	현 금	6,500원

4. 2)

구 분	차 변		대 변	
분 개	현 금	6,500원	어음대여금	6,500원

4. 3)

구 분	차 변		대 변	
분 개	현 금	4,700원	어음차입금	4,700원

4. 4)

구 분	차 변		대 변	
분 개	어음차입금	4,700원	현 금	4,700원

4. 5)

구 분	차 변		대 변	
분 개	어음미수금	7,200원	토 지	7,200원

4. 6)

구 분	차 변		대 변	
분 개	현 금	7,200원	어음미수금	7,200원

4. 7)

구 분	차 변		대 변	
분 개	건 물	8,400원	어음미지급금	8,400원

4. 8)

구 분	차 변		대 변	
분 개	어음미지급금	8,400원	현 금	8,400원

무작정 따라하기 해답 8 - 2

1. 1)

구 분	차 변		대 변	
분 개	매 입	1,200원	외상매입금	1,200원

1. 2)

구 분	차 변		대 변	
분 개	외상매출금	3,500원	매 출	3,500원

2. 1)

구 분	차 변		대 변	
분 개	받을어음	2,500	매 출	2,500원

2. 2)

구 분	차 변		대 변	
분 개	현 금	500원	받을어음	500원

2. 3)

구 분	차 변		대 변	
분 개	차량운반구	800원	받을어음	800원

2. 4)

구 분	차 변		대 변	
분 개	현 금 매출채권처분손실	1,050원 150원	받을어음	1,200원

2. 5)

구 분	차 변		대 변	
분 개	매 입	3,600원	지급어음	3,600원

2. 6)

구 분	차 변		대 변	
분 개	지급어음	3,600원	현 금	3,600원

3. 1)

구 분	차 변		대 변	
분 개	매 입	9,400원	외상매출금	9,400원

3. 2)

구 분	차 변		대 변	
분 개	외상매입금	9,400원	지급어음	9,400원

4. 1)

구 분	차 변		대 변	
분 개	어음대여금	5,600원	현 금	5,600원

4. 2)

구 분	차 변		대 변	
분 개	현 금	5,600원	어음대여금	5,600원

4. 3)

구 분	차 변		대 변	
분 개	현 금	7,400원	어음차입금	7,400원

4. 4)

구 분	차 변		대 변	
분 개	어음차입금	7,400원	현 금	7,400원

4. 5)

구 분	차 변		대 변	
분 개	어음미수금	2,700원	토 지	2,700원

4. 6)

구 분	차 변		대 변	
분 개	현 금	2,700원	어음미수금	2,700원

4. 7)

구 분	차 변		대 변	
분 개	건 물	8,400원	어음미지급금	8,400원

4. 8)

구 분	차 변		대 변	
분 개	어음미지급금	8,400원	현 금	8,400원

무작정 따라하기 해답 9-1

1. 1)

구 분	차 변		대 변	
분 개	대손상각비	150원	대손충당금	150원

1. 2)

구 분	차 변		대 변	
분 개	대손상각비	50원	대손충당금	50원

1. 3)

구 분	차 변		대 변	
분 개	대손충당금	250원	대손충당금환입	250원

2. 1)

구 분	차 변		대 변	
분 개	대손충당금	2,000원	외상매출금	2,000원

2. 2)

구 분	차 변		대 변	
분 개	대손충당금 대손상각비	1,300원 700원	외상매출금	2,000원

2. 3)

구 분	차 변		대 변	
분 개	대손상각비	2,000원	외상매출금	2,000원

3. 1)

구 분	차 변		대 변	
분 개	현 금	3,000원	대손충당금	3,000원

3. 2)

구 분	차 변		대 변	
분 개	현 금	3,000원	대손충당금 대손상각비	2,000원 1,000원

3. 3)

구 분	차 변		대 변	
분 개	현 금	2,300원	대손충당금	2,300원

4. 1)

구 분	차 변		대 변	
분 개	퇴직급여	800원	퇴직급여충당부채	800원

4. 2)

구 분	차 변		대 변	
분 개	퇴직급여충당부채	900원	현 금	900원

무작정 따라하기 해답 9-2

1. 1)

구 분	차 변		대 변	
분 개	대손상각비	160원	대손충당금	160원

1. 2)

구 분	차 변		대 변	
분 개	대손상각비	60원	대손충당금	60원

1. 3)

구 분	차 변		대 변	
분 개	대손충당금	240원	대손충당금환입	240원

2. 1)

구 분	차 변		대 변	
분 개	대손충당금	5,000원	외상매출금	5,000원

2. 2)

구 분	차 변		대 변	
분 개	대손충당금	3,200원	외상매출금	5,000원
	대손상각비	1,800원		

2. 3)

구 분	차 변		대 변	
분 개	대손상각비	5,000원	외상매출금	5,000원

3. 1)

구 분	차 변		대 변	
분 개	현 금	6,000원	대손충당금	6,000원

3. 2)

구 분	차 변		대 변	
분 개	현 금	6,000원	대손충당금	4,000원
			대손상각비	2,000원

3. 3)

구 분	차 변		대 변	
분 개	현 금	4,700원	대손충당금	4,700원

4. 1)

구 분	차 변		대 변	
분 개	퇴직급여	600원	퇴직급여충당부채	600원

4. 2)

구 분	차 변		대 변	
분 개	퇴직급여충당부채	1,200원	현 금	1,200원

무작정 따라하기 해답 10-1

1. 1)

구 분	차 변		대 변	
분 개	단기대여금	2,800원	현 금	2,800원

1. 2)

구 분	차 변		대 변	
분 개	현 금	2,950원	단기대여금	2,800원
			이자수익	150원

1. 3)

구 분	차 변		대 변	
분 개	현 금	3,600원	단기차입금	3,600원

1. 4)

구 분	차 변		대 변	
분 개	단기차입금	3,600원	현 금	3,830원
	이자비용	230원		

2. 1)

구 분	차 변		대 변	
분 개	미수금	2,800원	기계장치	2,800원

2. 2)

구 분	차 변		대 변	
분 개	현 금	2,800원	미수금	2,800원

2. 3)

구 분	차 변		대 변	
분 개	차량운반구	3,700원	미지급금	3,700원

2. 4)

구 분	차 변		대 변	
분 개	미지급금	3,700원	현 금	3,700원

3. 1)

구 분	차 변		대 변	
분 개	선급금	300원	현 금	300원

3. 2)

구 분	차 변		대 변	
분 개	매 입	3,000원	선급금	300원
			외상매입금	2,700원

3. 3)

구 분	차 변		대 변	
분 개	현 금	400원	선수금	400원

3. 4)

구 분	차 변		대 변	
분 개	선수금	400원	매 출	4,000원
	외상매출금	3,600원		

3. 5)

구 분	차 변		대 변	
분 개	현 금	2,000원	상품권선수금	2,000원

3. 6)

구 분	차 변		대 변	
분 개	상품권선수금	2,000원	매 출	2,600원
	현 금	600원		

4. 1)

구 분	차 변		대 변	
분 개	(종업원)단기대여금	2,800원	현 금	2,800원

4. 2)

구 분	차 변		대 변	
분 개	급 여	7,500	(종업원)단기대여금	2,800원
			현 금	4,700원

4. 3)

구 분	차 변		대 변	
분 개	급 여	8,400원	(소득세)예수금	520원
			(건강보험료)예수금	180원
			현 금	7,700원

4. 4)

구 분	차 변		대 변	
분 개	(소득세)예수금	520원	현 금	880원
	(건강보험료)예수금	180원		
	복리후생비	180원		

5. 1)

구 분	차 변		대 변	
분 개	가지급금	3,600원	현 금	3,600원

5. 2)

구 분	차 변		대 변	
분 개	여비교통비	4,100원	가지급금	3,600원
			현 금	500원

5. 3)

구 분	차 변		대 변	
분 개	여비교통비	2,400원	가지급금	3,600원
	현 금	1,200원		

5. 4)

구 분	차 변		대 변	
분 개	당좌예금	2,700원	가수금	2,700원

5. 5)

구 분	차 변		대 변	
분 개	가수금	2,700원	외상매출금	2,700원

무작정 따라하기 해답 10 - 2

1. 1)

구 분	차 변		대 변	
분 개	단기대여금	3,800원	현 금	3,800원

1. 2)

구 분	차 변		대 변	
분 개	현 금	3,980원	단기대여금	3,800원
			이자수익	180원

1. 3)

구 분	차 변		대 변	
분 개	현 금	4,600원	단기차입금	4,600원

1. 4)

구 분	차 변		대 변	
분 개	단기차입금	4,600원	현 금	4,850원
	이자비용	250원		

2. 1)

구 분	차 변		대 변	
분 개	미수금	3,900원	기계장치	3,900원

2. 2)

구 분	차 변		대 변	
분 개	현 금	3,900원	미수금	3,900원

2. 3)

구 분	차 변		대 변	
분 개	차량운반구	4,800원	미지급금	4,800원

2. 4)

구 분	차 변		대 변	
분 개	미지급금	4,800원	현 금	4,800원

3. 1)

구 분	차 변		대 변	
분 개	선급금	400원	현 금	400원

3. 2)

구 분	차 변		대 변	
분 개	매 입	4,000원	선급금	400원
			외상매입금	3,600원

3. 3)

구 분	차 변		대 변	
분 개	현 금	500원	선수금	500원

3. 4)

구 분	차 변		대 변	
분 개	선수금	500원	매 출	5,000원
	외상매출금	4,500원		

3. 5)

구 분	차 변		대 변	
분 개	현 금	3,000원	상품권선수금	3,000원

3.6)

구 분	차 변		대 변	
분 개	상품권선수금	3,000원	매 출	3,700원
	현 금	700원		

4.1)

구 분	차 변		대 변	
분 개	(종업원)단기대여금	3,900원	현 금	3,900원

4.2)

구 분	차 변		대 변	
분 개	급 여	8,500원	(종업원)단기대여금	3,900원
			현 금	4,600원

4.3)

구 분	차 변		대 변	
분 개	급 여	9,300원	(소득세)예수금	600원
			(건강보험료)예수금	230원
			현 금	8,470원

4.4)

구 분	차 변		대 변	
분 개	(소득세)예수금	600원	현 금	1,060원
	(건강보험료)예수금	230원		
	복리후생비	230원		

5.1)

구 분	차 변		대 변	
분 개	가지급금	4,700원	현 금	4,700원

5.2)

구 분	차 변		대 변	
분 개	여비교통비	6,000원	가지급금	4,700원
			현 금	1,300원

5.3)

구 분	차 변		대 변	
분 개	여비교통비	3,000원	가지급금	4,700원
	현 금	1,700원		

5.4)

구 분	차 변		대 변	
분 개	당좌예금	3,800원	가수금	3,800원

5.5)

구 분	차 변		대 변	
분 개	가수금	3,800원	외상매출금	3,800원

무작정 따라하기 해답 11-1

1.1)

구 분	차 변		대 변	
분 개	건 물	4,700원	현 금	4,700원

1.2)

구 분	차 변		대 변	
분 개	건물감가상각누계액	800원	건 물	4,000원
	현 금	3,800원	유형자산처분이익	600원

1.3)

구 분	차 변		대 변	
분 개	건물감가상각누계액	1,500원	건 물	5,000원
	현 금	3,000원		
	유형자산처분손실	500원		

1.4)

구 분	차 변		대 변	
분 개	건 물	3,400원	현 금	3,400원

1.5)

구 분	차 변		대 변	
분 개	수선비	2,400원	현 금	2,400원

2.1)

구 분	차 변		대 변	
분 개	(비품)감가상각비	300원	(비품)감가상각누계액	300원

2.2)

구 분	차 변		대 변	
분 개	(기계장치)감가상각비	324원	(기계장치)감가상각누계액	324원

2.3)

구 분	차 변		대 변	
분 개	(기계장치)감가상각비	3,000원	(기계장치)감가상각누계액	3,000원

무작정 따라하기 해답 11-2

1.1)

구 분	차 변		대 변	
분 개	건 물	5,900원	현 금	5,900원

1. 2)

구 분	차 변		대 변	
분 개	건물감가상각누계액	1,500원	건 물	5,000원
	현 금	4,000원	유형자산처분이익	500원

1. 3)

구 분	차 변		대 변	
분 개	건물감가상각누계액	2,000원	건 물	6,000원
	현 금	3,200원		
	유형자산처분손실	800원		

1. 4)

구 분	차 변		대 변	
분 개	건 물	4,400원	현 금	4,400원

1. 5)

구 분	차 변		대 변	
분 개	수선비	3,500원	현 금	3,500원

2. 1)

구 분	차 변		대 변	
분 개	(비품)감가상각비	400원	(비품)감가상각누계액	400원

2. 2)

구 분	차 변		대 변	
분 개	(기계장치)감가상각비	405원	(기계장치)감가상각누계액	405원

2. 3)

구 분	차 변		대 변	
분 개	(기계장치)감가상각비	5,600원	(기계장치)감가상각누계액	5,600원

무작정 따라하기 해답 12 - 1

1. 1)

구 분	차 변		대 변	
분 개	현 금	20,000원	자본금	30,000원
	비 품	10,000원		

1. 2)

구 분	차 변		대 변	
분 개	손 익	4,200원	자본금	4,200원

1. 3)

구 분	차 변		대 변	
분 개	자본금	3,500원	손 익	3,500원

1. 4)

구 분	차 변		대 변	
분 개	인출금	2,600원	현 금	2,600원

1. 5)

구 분	차 변		대 변	
분 개	자본금	2,600원	인출금	2,600원

1. 6)

구 분	차 변		대 변	
분 개	인출금	1,800원	현 금	1,800원

2. 1)

구 분	차 변		대 변	
분 개	당좌예금	75,000원	자본금	75,000원

2. 2)

구 분	차 변		대 변	
분 개	당좌예금	90,000원	자본금	75,000원
			주식발행초과금	15,000원

2. 3)

구 분	차 변		대 변	
분 개	당좌예금	67,500원	자본금	75,000원
	주식할인발행차금	7,500원		

3. 1)

구 분	차 변		대 변	
분 개	당좌예금	700,000원	사 채	700,000원

3. 2)

구 분	차 변		대 변	
분 개	당좌예금	840,000원	사 채	700,000원
			사채할증발행차금	140,000원

3. 3)

구 분	차 변		대 변	
분 개	당좌예금	630,000원	사 채	700,000원
	사채할인발행차금	70,000원		

3. 4)

구 분	차 변		대 변	
분 개	당좌예금	630,000원	사 채	600,000원
			사채할증발행차금	30,000원

3. 5)

구 분	차 변		대 변	
분 개	당좌예금	450,000원	사 채	600,000원
	사채할인발행차금	150,000원		

4. 1)

구 분	차 변		대 변	
분 개	매 입	7,000원	외상매입금	7,700원
	부가가치세대급금	700원		

4. 2)

구 분	차 변		대 변	
분 개	외상매출금	8,800원	매 출	8,000원
			부가가치세예수금	800원

4. 3)

구 분	차 변		대 변	
분 개	부가가치세예수금	700원	부가가치세대급금	580원
			미지급금	120원

4. 4)

구 분	차 변		대 변	
분 개	미지급금	120원	현 금	120원

4. 5)

구 분	차 변		대 변	
분 개	부가가치세예수금	650원	부가가치세대급금	800원
	미수금	150원		

4. 6)

구 분	차 변		대 변	
분 개	현 금	150원	미수금	150원

4. 7)

구 분	차 변		대 변	
분 개	세금과공과	2,000원	현 금	2,000원

무작정 따라하기 해답 12-2

1. 1)

구 분	차 변		대 변	
분 개	현 금	40,000원	자본금	60,000원
	차량운반구	20,000원		

1. 2)

구 분	차 변		대 변	
분 개	손 익	5,400원	자본금	5,400원

1. 3)

구 분	차 변		대 변	
분 개	자본금	4,200원	손 익	4,200원

1. 4)

구 분	차 변		대 변	
분 개	인출금	6,200원	현 금	6,200원

1. 5)

구 분	차 변		대 변	
분 개	자본금	6,200원	인출금	6,200원

1. 6)

구 분	차 변		대 변	
분 개	인출금	3,700원	현 금	3,700원

2. 1)

구 분	차 변		대 변	
분 개	당좌예금	90,000원	자본금	90,000원

2. 2)

구 분	차 변		대 변	
분 개	당좌예금	99,000원	자본금	90,000원
			주식발행초과금	9,000원

2. 3)

구 분	차 변		대 변	
분 개	당좌예금	72,000원	자본금	90,000원
	주식할인발행차금	18,000원		

3. 1)

구 분	차 변		대 변	
분 개	당좌예금	800,000원	사 채	800,000원

3. 2)

구 분	차 변		대 변	
분 개	당좌예금	960,000원	사 채	800,000원
			사채할증발행차금	160,000원

3. 3)

구 분	차 변		대 변	
분 개	당좌예금	640,000원	사 채	800,000원
	사채할인발행차금	160,000원		

3. 4)

구 분	차 변		대 변	
분 개	당좌예금	800,000원	사 채	700,000원
			사채할증발행차금	100,000원

3. 5)

구 분	차 변		대 변	
분 개	당좌예금	590,000원	사 채	700,000원
	사채할인발행차금	110,000원		

4. 1)

구 분	차 변		대 변	
분 개	매 입	8,000원	외상매입금	8,800원
	부가가치세대급금	800원		

4. 2)

구 분	차 변		대 변	
분 개	외상매출금	9,900원	매 출	9,000원
			부가가치세예수금	900원

4. 3)

구 분	차 변		대 변	
분 개	부가가치세예수금	800원	부가가치세대급금	670원
			미지급금	130원

4. 4)

구 분	차 변		대 변	
분 개	미지급금	130원	현 금	130원

4. 5)

구 분	차 변		대 변	
분 개	부가가치세예수금	720원	부가가치세대급금	900원
	미수금	180원		

4. 6)

구 분	차 변		대 변	
분 개	현 금	180원	미수금	180원

4. 7)

구 분	차 변		대 변	
분 개	세금과공과	3,000원	현 금	3,000원

무작정 따라하기 해답 13-1

1. 1)

구 분	차 변		대 변	
분 개	매 입	4,000원	이월상품	4,000원
	이월상품	5,000원	매 입	5,000원

1. 2)

구 분	차 변		대 변	
분 개	상품매출원가	7,000원	상 품	7,000원

1. 3)

구 분	차 변		대 변	
분 개	선급비용	900원	이자비용	900원

1. 4)

구 분	차 변		대 변	
분 개	임대료	3,200원	선수수익	3,200원

1. 5)

구 분	차 변		대 변	
분 개	미수수익	2,100원	임대료	2,100원

1. 6)

구 분	차 변		대 변	
분 개	이자비용	2,500원	미지급비용	2,500원

1. 7)

구 분	차 변		대 변	
분 개	소모품	5,200원	소모품비	5,200원

1. 8)

구 분	차 변		대 변	
분 개	소모품비	1,800원	소모품	1,800원

1. 9)

구 분	차 변		대 변	
분 개	법인세비용	7,000,000원	선납세금	1,800,000원
			미지급법인세	5,200,000원

1. 10)

구 분	차 변		대 변	
분 개	법인세비용	5,200,000원	미지급법인세	5,200,000원

2. 1)

구 분	차 변		대 변	
분 개	대손상각비	250원	대손충당금	250원

2. 2)

구 분	차 변		대 변	
분 개	대손충당금	100원	대손충당금환입	100원

2. 3)

구 분	차 변		대 변	
분 개	감가상각비	1,800원	차량운반구감가상각누계액	1,800원

2. 4)

구 분	차 변		대 변	
분 개	감가상각비	600원	건물감가상각누계액	600원

2. 5)

구 분	차 변		대 변	
분 개	무형자산상각비	800원	개발비	800원

2. 6)

구 분	차 변		대 변	
분 개	단기매매증권	1,000원	단기매매증권평가이익	1,000원

2.7)

구 분	차 변		대 변	
분 개	잡손실	700원	현금과부족	700원

2.8)

구 분	차 변		대 변	
분 개	가수금	3,100원	외상매출금	3,100원

2.9)

구 분	차 변		대 변	
분 개	보험료	4,100원	가지급금	4,100원

2.10)

구 분	차 변		대 변	
분 개	장기차입금	4,900원	유동성장기부채	4,900원

무작정 따라하기 해답 13-2

1.1)

구 분	차 변		대 변	
분 개	매 입	5,000원	이월상품	5,000원
	이월상품	5,500원	매 입	5,500원

1.2)

구 분	차 변		대 변	
분 개	상품매출원가	9,000원	상 품	9,000원

1.3)

구 분	차 변		대 변	
분 개	선급비용	2,800원	임차료	2,800원

1.4)

구 분	차 변		대 변	
분 개	이자수익	1,000원	선수수익	1,000원

1.5)

구 분	차 변		대 변	
분 개	미수수익	3,200원	이자수익	3,200원

1.6)

구 분	차 변		대 변	
분 개	보험료	6,300원	미지급비용	6,300원

1.7)

구 분	차 변		대 변	
분 개	소모품	3,600원	소모품비	3,600원

1.8)

구 분	차 변		대 변	
분 개	소모품비	2,400원	소모품	2,400원

1.9)

구 분	차 변		대 변	
분 개	법인세비용	8,000,000원	선납세금	3,200,000원
			미지급법인세	4,800,000원

1.10)

구 분	차 변		대 변	
분 개	법인세비용	4,800,000원	미지급법인세	4,800,000원

2.1)

구 분	차 변		대 변	
분 개	대손충당금	200원	대손충당금환입	200원

2.2)

구 분	차 변		대 변	
분 개	대손상각비	130원	대손충당금	130원

2.3)

구 분	차 변		대 변	
분 개	감가상각비	5,400원	차량운반구감가상각누계액	5,400원

2.4)

구 분	차 변		대 변	
분 개	감가상각비	5,000원	건물감가상각누계액	5,000원

2.5)

구 분	차 변		대 변	
분 개	무형자산상각비	900원	개발비	900원

2.6)

구 분	차 변		대 변	
분 개	단기매매증권평가손실	4,500원	단기매매증권	4,500원

2.7)

구 분	차 변		대 변	
분 개	현금과부족	900원	잡이익	900원

2.8)

구 분	차 변		대 변	
분 개	가수금	7,300원	수수료수익	7,300원

2.9)

구 분	차 변		대 변	
분 개	여비교통비	5,800원	가지급금	5,800원

2.10)

구 분	차 변		대 변	
분 개	장기차입금	6,700원	유동성장기부채	6,700원

기업회계 실전문제 해답 1

1)

구 분	차 변		대 변	
분 개	비 품	500,000원	미지급금	500,000원

2)

구 분	차 변		대 변	
분 개	현 금	700,000원	상품권선수금	700,000원

3)

구 분	차 변		대 변	
분 개	보통예금	100,000원	가수금	100,000원

4)

구 분	차 변		대 변	
분 개	임차료	100,000원	현 금	100,000원

5)

구 분	차 변		대 변	
분 개	복리후생비	100,000원	현 금	100,000원

6)

구 분	차 변		대 변	
분 개	기부금	100,000원	현 금	100,000원

7)

구 분	차 변		대 변	
분 개	잡손실	5,000원	현금과부족	5,000원

8)

구 분	차 변		대 변	
분 개	현 금	70,000원	단기차입금	70,000원

9)

구 분	차 변		대 변	
분 개	현 금	50,000원	외상매출금	50,000원

10)

구 분	차 변		대 변	
분 개	급 여	100,000원	현 금	100,000원

11)

구 분	차 변		대 변	
분 개	외상매출금	50,000원	상 품 상품매출이익	30,000원 20,000원

12)

구 분	차 변		대 변	
분 개	당좌예금 매출채권처분손실	60,000원 10,000원	받을어음	70,000원

13)

구 분	차 변		대 변	
분 개	단기차입금 이자비용	1,000,000원 100,000원	현 금	1,100,000원

14)

구 분	차 변		대 변	
분 개	매 입	300,000원	현 금 외상매입금	150,000원 150,000원

15)

구 분	차 변		대 변	
분 개	외상매입금 미지급금	500,000원 200,000원	현 금	700,000원

16)

구 분	차 변		대 변	
분 개	현 금 유형자산처분손실	450,000원 50,000원	토 지	500,000원

17)

구 분	차 변		대 변	
분 개	당좌예금	600,000원	자 본 금 주식발행초과금	500,000원 100,000원

18)

구 분	차 변		대 변	
분 개	보통예금 매출채권처분손실	9,500,000원 500,000원	매출채권 (외상매출금)	10,000,000원

19)

구 분	차 변		대 변	
분 개	현 금	10,000,000원	자본금	10,000,000원

20)

구 분	차 변		대 변	
분 개	현 금	5,400,000원	자본금 주식발행초과금	5,000,000원 400,000원

21)

구 분	차 변		대 변	
분 개	현 금 미수금	650,000원 350,000원	토 지 유형자산처분이익	800,000원 200,000원

22)

구 분	차 변		대 변	
분 개	기계장치	400,000원	미지급금	400,000원

23)

구 분	차 변		대 변	
분 개	감가상각누계액 재해손실	600,000원 400,000원	비 품	1,000,000원

24)

구 분	차 변		대 변	
분 개	단기대여금	1,000,000원	현 금	1,000,000원

25)

구 분	차 변		대 변	
분 개	현 금	1,000,000원	선수금	1,000,000원

26)

구 분	차 변		대 변	
분 개	외상매출금	30,000,000원	매 출	30,000,000원

27)

구 분	차 변		대 변	
분 개	건 물	13,000,000원	당좌예금	10,000,000원
			건설중인자산	3,000,000원

28)

구 분	차 변		대 변	
분 개	특허권	5,100,000원	현 금	5,100,000원

29)

구 분	차 변		대 변	
분 개	인출금	320,000원	매 입	320,000원

30)

구 분	차 변		대 변	
분 개	복리후생비	50,000원	현 금	50,000원

31)

구 분	차 변		대 변	
분 개	세금과공과	20,000원	현 금	20,000원

32)

구 분	차 변		대 변	
분 개	임차료	80,000원	현 금	80,000원

33)

구 분	차 변		대 변	
분 개	현 금	110,000원	단기매매증권	100,000원
			단기매매증권처분이익	10,000원

34)

구 분	차 변		대 변	
분 개	이자비용	5,000원	현 금	5,000원

35)

구 분	차 변		대 변	
분 개	기부금	30,000원	현 금	30,000원

36)

구 분	차 변		대 변	
분 개	수도광열비	112,000원	현 금	112,000원

37)

구 분	차 변		대 변	
분 개	매입(상품)	303,000원	현 금	303,000원

38)

구 분	차 변		대 변	
분 개	소모품비	150,000원	소모품	150,000원

기업회계 실전문제 해답 2

1)

구 분	차 변		대 변	
분 개	차량운반구	400,000원	(어음)미지급금	400,000원

2)

구 분	차 변		대 변	
분 개	현 금	600,000원	(상품권)선수금	600,000원

3)

구 분	차 변		대 변	
분 개	당좌예금	50,000원	가수금	50,000원

4)

구 분	차 변		대 변	
분 개	임차료	70,000원	당좌예금	70,000원

5)

구 분	차 변		대 변	
분 개	복리후생비	90,000원	미지급금	90,000원

6)

구 분	차 변		대 변	
분 개	기부금	60,000원	현금과부족	60,000원

7)

구 분	차 변		대 변	
분 개	잡손실	4,000원	현금과부족	4,000원

8)

구 분	차 변		대 변	
분 개	현 금	55,000원	단기차입금	55,000원

9)

구 분	차 변		대 변	
분 개	당좌예금	40,000원	외상매출금	40,000원

10)

구 분	차 변		대 변	
분 개	급 여	75,000원	보통예금	75,000원

11)

구 분	차 변		대 변	
분 개	외상매출금	40,000원	매 출	40,000원

12)

구 분	차 변		대 변	
분 개	보통예금	53,000원	받을어음	60,000원
	매출채권처분손실	7,000원		

13)

구 분	차 변		대 변	
분 개	단기차입금	700,000원	당좌예금	760,000원
	이자비용	60,000원		

14)

구 분	차 변		대 변	
분 개	매 입	200,000원	지급어음	120,000원
			외상매입금	80,000원

15)

구 분	차 변		대 변	
분 개	외상매입금	400,000원	당좌예금	150,000원
	미지급금	100,000원	당좌차월(단기차입금)	350,000원

16)

구 분	차 변		대 변	
분 개	건물감가상각누계액	200,000원	건 물	600,000원
	현 금	300,000원		
	유형자산처분손실	100,000원		

17)

구 분	차 변		대 변	
분 개	당좌예금	799,000원	자본금	850,000원
	주식할인발행차금	51,000원		

18)

구 분	차 변		대 변	
분 개	보통예금	5,900,000원	외상매출금	6,000,000원
	매출채권처분손실	100,000원		

19)

구 분	차 변		대 변	
분 개	현 금	5,000,000원	자본금	5,000,000원

20)

구 분	차 변		대 변	
분 개	당좌예금	3,700,000원	자본금	2,500,000원
			주식발행초과금	1,200,000원

21)

구 분	차 변		대 변	
분 개	현 금	500,000원	토 지	700,000원
	미수금	400,000원	유형자산처분이익	200,000원

22)

구 분	차 변		대 변	
분 개	비 품	700,000원	미지급금	700,000원

23)

구 분	차 변		대 변	
분 개	감가상각누계액	600,000원	기계장치	800,000원
	재해손실	200,000원		

24)

구 분	차 변		대 변	
분 개	단기(어음)대여금	500,000원	현금	500,000원

25)

구 분	차 변		대 변	
분 개	현 금	700,000원	선수금	700,000원

26)

구 분	차 변		대 변	
분 개	(할부)외상매출금	10,000,000원	매 출	10,000,000원

27)

구 분	차 변		대 변	
분 개	기계장치	9,000,000원	당좌예금	7,000,000원
			건설중인자산	2,000,000원

28)

구 분	차 변		대 변	
분 개	특허권(산업재산권)	3,100,000원	현 금	3,100,000원

29)

구 분	차 변		대 변	
분 개	인출금	430,000원	매입(상품)	430,000원

30)

구 분	차 변		대 변	
분 개	복리후생비	100,000원	현 금	100,000원

31)

구 분	차 변		대 변	
분 개	세금과공과	70,000원	현 금	70,000원

32)

구 분	차 변	대 변
분 개	임차료 30,000원	현 금 30,000원

33)

구 분	차 변	대 변
분 개	현 금 60,000원 단기매매증권처분손실 10,000원	단기매매증권 70,000원

34)

구 분	차 변	대 변
분 개	이자비용 6,000원	현 금 6,000원

35)

구 분	차 변	대 변
분 개	기부금 50,000원	현 금 50,000원

36)

구 분	차 변	대 변
분 개	수도광열비 91,000원	현 금 91,000원

37)

구 분	차 변	대 변
분 개	매입(상품) 201,000원	외상매입금 200,000원 현 금 1,000원

38)

구 분	차 변	대 변
분 개	소모품 120,000원	소모품비 120,000원

전산회계 실전문제 해답 1

1)

구 분	차 변	대 변
분 개	현 금 1,630,000원	단기매매증권 1,500,000원 단기매매증권처분이익 130,000원

2)

구 분	차 변	대 변
분 개	정기예금 5,000,000원 지급수수료 700원 (수수료비용)	보통예금 5,000,700원

3)

구 분	차 변	대 변
분 개	개발비 20,000,000원	보통예금 20,000,000원

4)

구 분	차 변	대 변
분 개	예수금 210,000원 복리후생비 210,000원	현 금 420,000원

5)

구 분	차 변	대 변
분 개	당좌예금 29,940,000원 지급수수료 60,000원 (수수료비용)	받을어음 30,000,000원

6)

구 분	차 변	대 변
분 개	가수금 3,000,000원	선수금 1,000,000원 외상매출금 2,000,000원

7)

구 분	차 변	대 변
분 개	토 지 155,000,000원	자산수증이익 150,000,000원 당좌예금 5,000,000원

8)

구 분	차 변	대 변
분 개	세금과공과 55,000원	미지급금 55,000원

9)

구 분	차 변	대 변
분 개	수도광열비 400,000원	보통예금 400,000원

10)

구 분	차 변	대 변
분 개	재해손실 3,000,000원	제 품 3,000,000원

11)

구 분	차 변	대 변
분 개	세금과공과 1,000,000원	현 금 1,000,000원

12)

구 분	차 변	대 변
분 개	기부금 3,000,000원	현 금 3,000,000원

13)

구 분	차 변	대 변
분 개	소모품비 900,000원	소모품 900,000원

14)

구 분	차 변	대 변
분 개	여비교통비 320,000원 잡손실 80,000원	현금과부족 400,000원

15)

구 분	차 변	대 변
분 개	대손충당금 200,000원 대손상각비 100,000원	외상매출금 300,000원

16)

구 분	차 변	대 변
분 개	선급비용 300,000원	보험료 300,000원

17)

구 분	차 변	대 변
분 개	퇴직급여 6,500,000원	퇴직급여충당부채 6,500,000원

18)

구 분	차 변	대 변
분 개	보통예금 40,000,000원 주식할인발행차금 12,000,000원	자본금 50,000,000원 현 금 2,000,000원

19)

구 분	차 변	대 변
분 개	접대비 250,000원	미지급금 250,000원

20)

구 분	차 변	대 변
분 개	기타의대손상각비 10,000,000원	단기대여금 10,000,000원

21)

구 분	차 변	대 변
분 개	원재료 10,000,000원 부가가치세대급금 1,000,000원	받을어음 3,000,000원 외상매입금 8,000,000원

22)

구 분	차 변	대 변
분 개	선수금 30,000,000원 외상매출금 58,000,000원	(제품)매출 80,000,000원 부가가치세예수금 8,000,000원

23)

구 분	차 변	대 변
분 개	보통예금 750,000원 선납세금 250,000원	이자수익 1,000,000원

24)

구 분	차 변	대 변
분 개	복리후생비 800,000원 부가가치세대급금 80,000원	미지급금 880,000원

25)

구 분	차 변	대 변
분 개	차량유지비 50,000원 부가가치세대급금 5,000원	현 금 55,000원

26)

구 분	차 변	대 변
분 개	기계장치감가상각누계액 5,000,000원 현 금 15,000,000원 미수금 7,000,000원	기계장치 25,000,000원 부가가치세예수금 2,000,000원

27)

구 분	차 변	대 변
분 개	감가상각누계액 15,000,000원 현 금 3,000,000원 미수금 10,200,000원	차량운반구 20,000,000원 부가가치세예수금 1,200,000원 유형자산처분이익 7,000,000원

전산회계 실전문제 해답 2

1)

구 분	차 변	대 변
분 개	현 금 1,050,000원	단기매매증권 1,000,000원 단기매매증권처분이익 50,000원

2)

구 분	차 변	대 변
분 개	정기예금 3,000,000원 수수료비용 500원	보통예금 3,000,500원

3)

구 분	차 변	대 변
분 개	개발비 10,000,000원	보통예금 10,000,000원

4)

구 분	차 변	대 변
분 개	(건강보험료)예수금 150,000원 복리후생비 150,000원	현 금 300,000원

5)

구 분	차 변	대 변
분 개	당좌예금 9,950,000원 수수료비용 50,000원	받을어음 10,000,000원

6)

구 분	차 변	대 변
분 개	가수금 2,000,000원	선수금 700,000원 외상매출금 1,300,000원

7)

구 분	차 변	대 변
분 개	토 지 10,700,000원	자산수증이익 10,000,000원 당좌예금 700,000원

8)

구 분	차 변		대 변	
분 개	세금과공과	45,000원	미지급금	45,000원

9)

구 분	차 변		대 변	
분 개	수도광열비	3000,000원	보통예금	300,000원

10)

구 분	차 변		대 변	
분 개	재해손실	2,000,000원	원재료	2,000,000원

11)

구 분	차 변		대 변	
분 개	세금과공과	30,000원	현 금	30,000원

12)

구 분	차 변		대 변	
분 개	기부금	100,000원	현 금	100,000원

13)

구 분	차 변		대 변	
분 개	소모품비	750,000원	소모품	750,000원

14)

구 분	차 변		대 변	
분 개	잡손실	10,000원	현 금	10,000원

15)

구 분	차 변		대 변	
분 개	대손충당금	170,000원	외상매출금	200,000원
	대손상각비	30,000원		

16)

구 분	차 변		대 변	
분 개	선급비용	200,000원	보험료	200,000원

17)

구 분	차 변		대 변	
분 개	퇴직급여	2,000,000원	퇴직급여충당부채	2,000,000원

18)

구 분	차 변		대 변	
분 개	보통예금	4,500,000원	자본금	5,000,000원
	주식할인발행차금	600,000원	현 금	100,000원

19)

구 분	차 변		대 변	
분 개	접대비	150,000원	미지급금	150,000원

20)

구 분	차 변		대 변	
분 개	기타의대손상각비	5,000,000원	단기대여금	5,000,000원

21)

구 분	차 변		대 변	
분 개	원재료	500,000원	받을어음	350,000원
	부가가치세대급금	50,000원	지급어음	200,000원

22)

구 분	차 변		대 변	
분 개	선수금	2,000,000원	매출(상품)	7,000,000원
	외상매출금	5,700,000원	부가가치세예수금	700,000원

23)

구 분	차 변		대 변	
분 개	선납세금	70,000원	이자수익	500,000원
	보통예금	430,000원		

24)

구 분	차 변		대 변	
분 개	복리후생비	700,000원	미지급금	770,000원
	부가가치세대급금	70,000원		

25)

구 분	차 변		대 변	
분 개	차량유지비	30,000원	현 금	33,000원
	부가가치세대급금	3,000원		

26)

구 분	차 변		대 변	
분 개	비품감가상각누계액	3,000,000원		
	현 금	8,000,000원	비 품	14,000,000원
	미수금	3,000,000원	부가가치세예수금	1,000,000원
	유형자산처분손실	1,000,000원		

27)

구 분	차 변		대 변	
분 개	감가상각누계액	8,000,000원	차량운반구	10,000,000원
	현 금	1,500,000원	부가가치세예수금	300,000원
	미수금	1,800,000원	유형자산처분이익	1,000,000원

memo

memo

차동준

[약 력]
- 국민대학교 회계학과 졸업
- 동국대학교 경영대학원 회계학과(경영학석사)
- 강원대학교 대학원 경영학과(회계학 전공, 경영학박사)
- 전 한일은행, 신한은행, 신흥증권 근무
- 전 속초세무서 과세전적부 심사위원
- 전 남양주세무서 과세전적부 심사위원
- 전 강원도 7급 공무원 임용시험 출제위원
- 전 동우대학 세무회계과 조교수
- 현 경복대학 세무회계과 교수

[저 서]
- 핵심세무회계(경영과회계)
- 핵심원가회계(경영과회계)
- 핵심재무회계원리(경영과회계)
- 핵심기초회계원리(경영과회계)

PASS 전표처리
분개만 하는 회계연습

발 행 | 2022년 1월 10일 초판1쇄

저 자 | 차동준
발 행 인 | 최영민
발 행 처 | 경영과회계
주 소 | 경기도 파주시 신촌로 16
전 화 | 031-8071-0088
팩 스 | 031-942-8688
전자우편 | pnpbook@naver.com
출판등록 | 2015년 3월 27일
등록번호 | 제406-2015-31호

정가 : 12,000원

ISBN 979-11-91188-67-7 (13320)